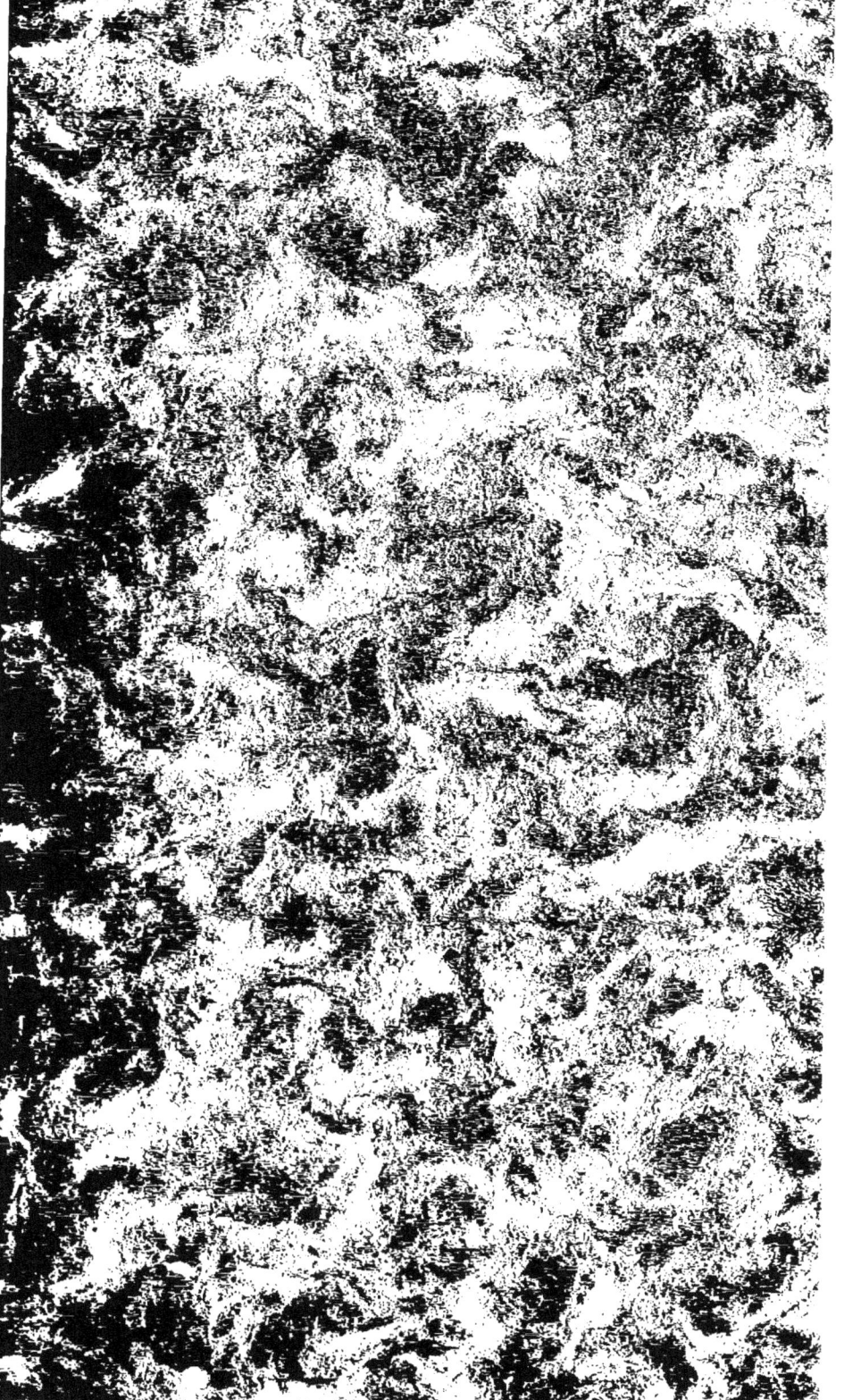

EMILE GENTIL

LA CHUTE
DE
L'EMPIRE DE RABAH

OUVRAGE CONTENANT 126 ILLUSTRATIONS D'APRÈS DES
PHOTOGRAPHIES ET UNE CARTE TIRÉE HORS TEXTE

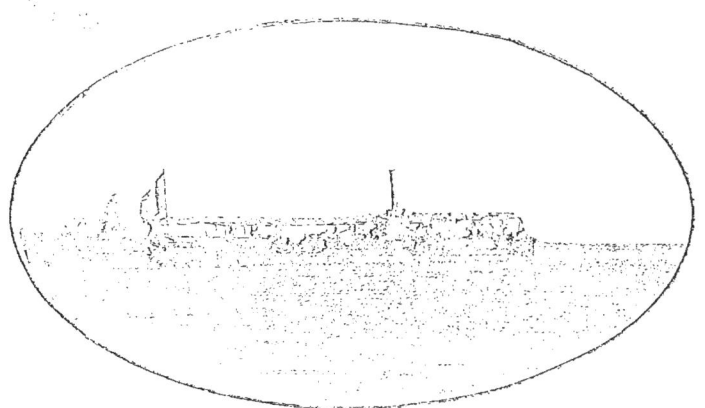

LE "LÉON BLOT" NAVIGUANT SUR LES EAUX DU TCHAD.

LIBRAIRIE HACHETTE ET Cie
79, BOULEVARD SAINT-GERMAIN, PARIS — 1902

Droits de traduction et de reproduction réservés.

LA CHUTE
DE
L'EMPIRE DE RABAH

Cliché   M. GENTIL.   Sartony

La planche de la p. 249 (portrait de Rachel) manque en 22 octobre 1931.

4840

EMILE GENTIL

LA CHUTE
DE
L'EMPIRE DE RABAH

OUVRAGE CONTENANT 126 ILLUSTRATIONS D'APRÈS DES
PHOTOGRAPHIES ET UNE CARTE TIRÉE HORS TEXTE

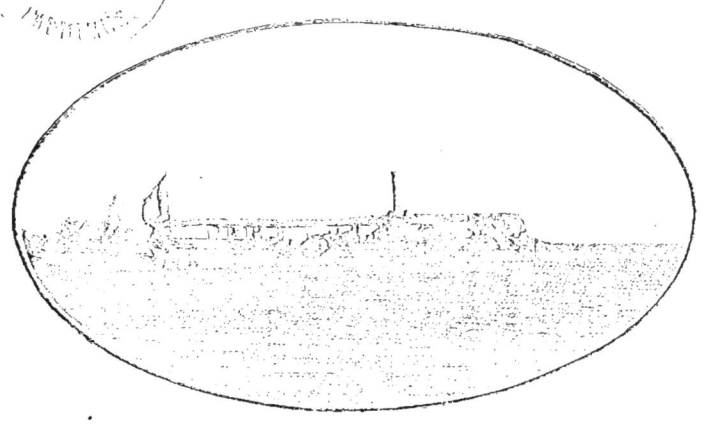

LE "LÉON BLOT" NAVIGUANT SUR LES EAUX DU TCHAD.

LIBRAIRIE HACHETTE ET Cie
79, BOULEVARD SAINT-GERMAIN, PARIS — 1902

Droits de traduction et de reproduction réservés.

LETTRE-PRÉFACE

DE M. MÉZIÈRES, DE L'ACADÉMIE FRANÇAISE

Monsieur,

Je n'ai d'autre titre pour parler de vos travaux que ma qualité de compatriote. Il est vrai que nous tenons beaucoup tous deux à notre commune origine. Nous appartenons l'un et l'autre à cette partie de la France qui ne veut ni se consoler, ni oublier, la Lorraine. Quand un enfant de cette terre mutilée ajoute quelque chose par sa valeur personnelle au patrimoine national, nous éprouvons un sentiment d'orgueil particulier. C'est la confirmation de l'unité de la race, c'est la suppression momentanée d'une frontière artificielle que la conquête a pu tracer, mais que la conscience des vaincus n'acceptera jamais. Les Lorrains ne regardent que d'un seul côté, du côté de la France.

Parmi ceux qui nous donnent la joie de nous grouper ainsi sous le même drapeau, vous êtes, Monsieur, au premier rang. Vous avez accompli une œuvre magnifique. Grâce à vous et à la mission Foureau, d'Algérie à l'embouchure du Congo, un parcours de sept mille kilomètres peut être fait sans quitter un instant le territoire Français. Telle est l'ampleur de l'empire Africain que vous nous avez aidés à conquérir. Les difficultés que vous aviez à vaincre étaient de bien des natures : le climat, la température, l'absence de routes, souvent même de sentiers ; les forêts, les cours d'eau, les rapides, les rochers ; l'état d'esprit des populations, la

PRÉFACE.

défiance de presque toutes, l'hostilité déclarée de beaucoup.

Comme rien ne s'improvise en ce monde, vous étiez heureusement préparé à votre rôle par une série d'explorations antérieures. Votre éducation d'Africain était complète Vous saviez comment on traite avec les indigènes, quels sont les moyens de se faire aimer ou de se faire craindre d'eux, par quels procédés et par quelles ressources notre civilisation peut agir sur ces âmes primitives. Vous ne le dites pas expressément, mais je suis sûr que les hommes vous ont créé moins d'obstacles que l'implacable nature. Celle-ci est l'ennemie de tous les jours, l'adversaire avec lequel il faut lutter sans cesse pour se frayer un chemin à travers la brousse, les lianes ou les marais, pour se nourrir ou pour camper. Que de fois elle a exercé votre patience! Par moments quelle lenteur désespérante que celle de vos convois! Que de temps, que d'efforts inutilement consumés!

Ainsi que Marchand, vous avez compris qu'on ne peut pénétrer au cœur de l'Afrique que par les voies navigables, que le bâtiment à vapeur sera le principal conquérant du continent noir. Vous aviez donc, vous aussi, emporté votre bateau. Mais, même en le démontant, comment transporter à dos d'homme des pièces de 200 kilos, pendant des centaines de kilomètres par des sentiers abruptes, sur des pentes escarpées et glissantes!

C'est là que vos porteurs soudanais ont fait merveille, c'est là que vous avez pu vous convaincre de ce que la France doit attendre d'une race si disciplinée, si énergique et si résistante. Nous avons là une réserve indéfinie de soldats de premier ordre.

Ils ne sont pas seulement patients et robustes. Vous les avez vus admirables sur le champ de bataille. Grande journée dans l'histoire de l'Afrique que celle où trois mis-

PRÉFACE.

sions françaises, la vôtre, celle de Foureau et celle du capitaine Joalland, remplaçant le colonel Klobb, venues de trois points éloignés se rencontraient à Koussouri, tout près du lac Tchad. Dans cette région, un nègre intelligent et résolu s'était créé un empire où il régnait par la terreur. Sentant votre force, profitant de la circonstance unique qui plaçait sous vos ordres trois petits corps d'armée, le personnel le plus considérable qu'un Français eut pu réunir jusqu'ici si loin de la France, vous avez décidé l'attaque et détruit du même coup la puissance de Rabah, le plus redoutable adversaire de l'influence française, l'homme qui sur un vaste espace empêchait les indigènes de se rallier à nous en les intimidant.

Rabah vaincu et tué, que de conséquences pour l'avenir de notre colonie ! D'abord la pacification absolue, la fin de toute résistance et, ce qui n'est pas moins précieux, la facilité que nous éprouvons dans un pays déjà discipliné à substituer une autorité humaine aux procédés barbares d'un conquérant sans humanité. Après les pillages, les razzias d'esclaves, les massacres, nous apparaissons comme des bienfaiteurs. L'impôt que nous percevons semble une charge légère en comparaison des exactions et des brutalités antérieures.

Nous vous devons, Monsieur, cet heureux résultat, le développement pacifique d'une grande colonie. Mais nous vous devons beaucoup plus encore dans l'ordre moral. Vous nous réconciliez avec la destinée, vous relevez les courages, vous entretenez les saintes espérances. Il ne faut pas nous le dissimuler. Ce noble pays souffre d'un mal latent dont il n'a pas toujours conscience, qui pèse sur lui-même à son insu. La guerre de 1870 lui a infligé la plus douloureuse des épreuves. Bercé pendant soixante-quinze ans, de Valmy à Solférino, par des bulletins de victoires, il ne voit plus

PRÉFACE.

dans ses rues, sur ses quais, sur ses ponts, flamboyer des noms nouveaux à côté de ceux de Rivoli, d'Iéna et d'Austerlitz. La gloire et le panache, ses deux idoles, lui font défaut. Il aime et il admire son armée si disciplinée, si résistante, digne de tous les triomphes; mais il sent vaguement l'impossibilité de s'en servir. Il n'a pas de présent, il vit sur son passé militaire.

Vous, Monsieur, et avec vous les grands explorateurs de l'Afrique, Brazza, Marchand, Foureau, Lamy, Monteil, vous nous rendez confiance en nous-mêmes, vous nous montrez ce qui reste de ressort et de vaillance dans les âmes françaises. Vos luttes contre la nature et contre les hommes ont quelque chose d'héroïque, vous écrivez des fragments d'épopée. Sur la terre lointaine où vous avez à braver tant de périls, vous déployez les grandes qualités du soldat, la discipline, la patience, le dévouement, le courage, l'audace. Tout ce qui honorait les héros des glorieuses guerres d'autrefois revit en vous. C'est pour cela que sur toute l'étendue du territoire, dans nos moindres villages, vos noms sont prononcés avec respect, avec amour. Chacun y sent confusément que la France demeure encore la grande nation, que la décadence dont la menacent chaque jour des prophètes de malheur ne l'atteindra pas, tant qu'elle pourra produire des hommes tels que vous.

A. Mézières

INTRODUCTION

En écrivant ce livre, je n'ai eu qu'une préoccupation : celle d'être sincère, de raconter et d'apprécier les faits aussi exactement que possible.

J'ai tenu par-dessus tout à rendre justice à tous ceux qui, à quelque titre que ce soit, ont contribué à la réalisation de cette grande œuvre qui marquera dans les annales africaines : la chute de l'empire de Rabah.

Mon rôle, essentiellement politique dans la deuxième mission qui m'a été confiée, et la fonction que j'ai exercée, me permettent (du moins j'en ai la conviction), une indépendance complète dans le jugement. Aussi suis-je persuadé que mon récit ne peut donner lieu, ni dans le présent, ni dans l'avenir, à aucune contestation si minime qu'elle soit.

Tout au plus pourra-t-on me reprocher de ne pas m'étendre plus longuement sur certains détails qui auraient demandé à être traités avec plus d'ampleur.

Limité dans un cadre fixé d'avance, j'ai dû forcément glisser sur ces détails, pour faire la part plus large à l'historique des faits qui intéressent surtout le lecteur.

Si imparfait qu'il soit dans la forme, je présente néanmoins cet ouvrage au public, qui voudra bien, je l'espère, excuser ses défectuosités, en songeant que peut-être il contribuera à propager, dans notre pays, l'idée de l'expansion coloniale de la France, base de sa grandeur et de sa prospérité futures.

INTRODUCTION.

Enfin, pour clore cet avant-propos, il me reste non-seulement à rendre hommage au gouvernement qui ne cessa pendant de nombreuses années de me témoigner la plus vive sollicitude, mais encore il est indispensable, et c'est pour moi un agréable devoir, de dire combien je suis reconnaissant à cette admirable association qui s'appelle le Comité de l'Afrique française, et à l'Académie des Inscriptions et Belles-Lettres de l'appui moral et du concours financier si large que toutes deux ont bien voulu me fournir.

ÉMILE GENTIL.

LA CHUTE

DE

L'EMPIRE DE RABAH

I

MISSION DE 1895-1898

Considérations générales. — Comment je devins Africain. — M. de Brazza. — Crampel. — Fourneau. — Maistre. — Mizon. — Séjour dans la Sanga et l'Oubangui. — Première mission. — Difficultés de début. — Mise en route. — Ouadda. — La Kémo. — La Tomi. — Les G'Baggas. — Les N'Dis.

En 1892, je n'étais plus un nouveau venu sur la terre d'Afrique. J'avais déjà passé plus de deux ans au Gabon en qualité d'enseigne de vaisseau attaché à la station locale. On m'employa surtout pendant cette période à exécuter des levés hydrographiques, seul ou en compagnie d'autres officiers, sous la direction du capitaine de frégate Rouvier. La grande liberté dont nous jouissions pendant l'exécution de notre travail, jointe à l'attrait de ce travail lui-même, exerçait sur mon esprit une attraction très grande. Si bien que peu à peu je rêvai, à l'exemple de mon glorieux aîné, M. de Brazza, d'accomplir un voyage dans cet intérieur à peine entrevu par quelques rares agents qui en revenaient la plupart du temps malades et fatigués, mais toujours enthousiastes, et se promettant d'y retourner.

En 1890, Paul Crampel, qui avait reçu des fonds du Comité de l'Afrique française, débarquait à Libreville avec quelques agents européens, un Targui nommé Ichekkad et une petite Pahouine nommée Niarinzé. Il avait pour intention de partir du Congo et de rentrer par l'Algérie. Il était jeune ; sa fine tête d'apôtre, aux longs cheveux, respirait l'énergie, et sa pa-

L'EMPIRE DE RABAH.

role, pleine de charme, attirait à lui toutes les sympathies. En moins de rien, je fus séduit. Aller au Tchad, se lancer dans cet immense inconnu, si plein de dangers de toutes sortes, n'y avait-il pas de quoi tenter le jeune enthousiaste que j'étais ! Nous nous rencontrâmes, Crampel et moi, chez un ami commun, M. Dorlhac, receveur des postes à Libreville, et je lui demandai à l'accompagner. Dès les premiers mots, il accepta ; je serais chargé des observations astronomiques... Bref, il ne s'agissait plus que d'une chose, obtenir du ministre de la Marine l'autorisation de partir. Cela ne paraissait pas très commode et j'allais me décider à faire intervenir M. de Brazza, quand tout fut rompu.

Crampel, dans une des nombreuses causeries que nous avions, exprima un jour l'idée qu'un chef de mission devait toujours prendre conseil de son entourage et que si, à un moment donné, un Sénégalais même lui donnait un avis, il ne le dédaignerait pas.

Cette thèse me paraissait, à moi officier, tout à fait extraordinaire. J'estimai que, du moment qu'on était le chef, on devait savoir ce qu'on voulait et qu'on n'avait à prendre conseil de personne... Crampel s'obstina dans son opinion, moi dans la mienne, si bien que je me décidai à le laisser partir seul. J'avoue que j'en eus beaucoup de chagrin.

Peu de temps après, je fis la connaissance d'un agent du Congo, M. Fourneau, qui recevait de M. de Brazza une mission identique à celle de Crampel. Mais, au lieu de prendre l'Oubangui comme voie d'accès, il devait emprunter le cours de la Sanga, créer un poste au point terminus de la navigation de cette rivière, et s'en servir comme de base d'opérations pour pénétrer plus avant et entamer des négociations avec les peuplades musulmanes.

Ce plan, conçu par M. de Brazza lui-même, était parfait. Il ne manquait qu'une chose pour qu'il fût réalisable... des moyens... Fourneau n'était pas outillé pour réussir. Il lui aurait fallu une centaine de Sénégalais ; il n'en avait que trente. Il avait très

CONSIDÉRATIONS GÉNÉRALES.

VUE GÉNÉRALE DE LIBREVILLE.

peu de munitions et tout son bagage ne se montait pas à plus de cent charges. Il avait de quoi tout au plus procéder à une première reconnaissance du cours de la Sanga, mais il lui était matériellement impossible de faire plus. Aussi, qu'arriva-t-il ? Dès qu'il eut atteint le 4e degré Nord, les populations païennes qu'il rencontra, razziées par les Foulbés, s'étaient naturellement groupées en grand nombre ; il fut assailli par des forces tellement supérieures, qu'il échappa à grand'peine à un massacre. Il revint donc en arrière, ayant eu l'un de ses compagnons, Thiriet, tué ; l'autre, M. Blom, blessé. Lui-même avait reçu un coup de lance au front. Sa retraite, grâce à son énergie indomptable, ne fut pas un désastre, mais il s'en fallut de peu. Quand il regagna le village de Nola, où il reçut un bon accueil, il ne restait à ses hommes que 19 cartouches.

Cette expédition, toute malheureuse qu'elle fût, avait néanmoins donné des résultats. Les itinéraires remarquables de Fourneau nous firent connaître le bassin de la Sanga et de la Mamberé jusqu'au 5e degré de latitude Nord, et on eut ainsi une première idée des populations qui l'habitaient.

Crampel, lui, s'était avancé jusqu'à 8° 30' de latitude en par-

L'EMPIRE DE RABAH.

tant du coude de l'Oubangui. Faute de porteurs, il dut diviser sa troupe en trois fractions ; la première, qu'il commandait lui-même, avait atteint El Kouti. Il fut assassiné là avec son interprète Saïd, et la petite Niariuzé fut faite prisonnière.

Le deuxième groupe, commandé par Biscarrat, ne fut pas plus heureux. Biscarrat fut tué et les quelques hommes qui l'entouraient massacrés ou prisonniers.

La troisième portion, commandée par M. Nebout, prévenue à temps de la mort de ses camarades par l'un des fuyards, se replia et revint à Brazzaville.

Entre temps, le Comité de l'Afrique française avait constitué une deuxième mission sous les ordres de M. Dybowski pour renforcer la mission Crampel, qui arriva à Libreville en février 1891. A Brazzaville, elle apprit par M. Nebout, le massacre de la mission Crampel; celui-ci se mit sous les ordres de M. Dybowski, lequel, par la mort de Crampel, devenait le chef de la nouvelle expédition. Le point atteint par M. Dybowski est situé dans les environs du 7° degré Nord, c'est-à-dire à 200 kilomètres environ de l'endroit où était mort Crampel. Les résultats de cette deuxième mission furent surtout scientifiques. Elle ne rapporta pas de documents bien nouveaux sur les circonstances qui avaient entouré la mort de Crampel, et le doute continua à planer sur ce lugubre drame. Tout ce qu'on put savoir fut que Crampel avait été assassiné chez un chef musulman nommé Senoussi, à l'instigation du Targui Ichekkad. On verra plus tard que ce dernier point est faux. M. Dybowski, après avoir fondé un poste sur la rivière Kémo, à 60 kilomètres de son embouchure, revint en France, malade.

Pendant que la mission Dybowski était en route, Fourneau revenait à Libreville. Mon temps de séjour dans la colonie était expiré. Nous rentrâmes en France par le même paquebot.

Les échecs successifs subis par les missions françaises augmentaient encore en moi le désir de parvenir au Tchad. J'étais hanté de cette idée fixe qui se gravait de plus en plus dans mon crâne de Lorrain et je me souviendrai toujours d'une certaine soirée passée chez M. Dorlhac avec le secrétaire particulier de M. de Brazza, un de mes compatriotes, M. Walter, et un jeune agent du Congo, Léon Blot. C'était quelques jours avant mon départ... Nous causions du Tchad et de la possibilité de l'atteindre. Très excité, Léon Blot se lève de sa chaise et dit : « Je sais bien qui ira au Tchad. C'est moi. » Je le regardai et lui répliquai : « Vous irez peut-être, mais moi aussi... » Et le lendemain matin je fus chez M. de Brazza pour lui demander de l'accompagner dans l'expédition qu'il projetait et dont quelques rares initiés parlaient à mots couverts. Il me reçut fort bien, mais ne m'encouragea pas. Je dois dire qu'il en agissait ainsi avec tout le monde et qu'il n'avait pas coutume de présenter la carrière d'explorateur sous un jour bien brillant.

Du reste, il n'avait pas besoin de faire de la propagande pour s'attirer les dévouements. Je connais peu d'hommes ayant exercé sur ceux qui les approchaient un semblable prestige... On sentait en lui une de ces personnalités devant laquelle tous s'inclinent. Comme tout le monde, je subis le charme et je me promis de me faire agréer par lui... Je rentrai donc en France où, grâce à la recommandation de mon commandant, le capitaine de frégate Rouvier, je fus mis en rapport avec le sous-secrétaire d'État des Colonies, M. Étienne. Ce dernier, avec son affabilité bien connue, voulut bien prendre en considération mes projets et me désigna pour servir au Congo français en qualité d'administrateur de 4ᵉ classe.

J'étais au comble de mes vœux. Arrivé à Libreville, je ne tardai pas à être mis à la disposition de M. de Brazza, qui était déjà parti dans la Sanga. Il n'entre pas dans mes intentions de m'étendre longtemps sur cette partie de mon séjour au Congo. Qu'il me suffise de dire que, jeune et inexpérimenté, j'eus le très grand bonheur d'être à une école remarquable. Ayant tout à apprendre des choses d'Afrique, je ne pouvais trouver meilleur maître. Le temps que je passai sous les ordres de M. de Brazza (quoique ou peut-être parce que nous eûmes tous à souffrir de grandes privations et de rudes fatigues), compte comme le meil-

L'EMPIRE DE RABAH.

leur. Outre le plaisir que j'eus à rendre quelques services, entre autres à faire la reconnaissance de la haute Mamberé avec le vapeur *Courbet*, j'en retirai un enseignement complet et un grand profit.

Au contact de cet homme qui ne s'emportait jamais, on acquérait malgré soi les qualités de calme et de patience sans lesquelles on n'obtient rien en Afrique.

Aussi, quand, après une année de séjour, il m'envoya dans le Haut Oubangui aux ordres du colonel Monteil qui venait d'être nommé Commandant supérieur du Haut Oubangui, n'étais-je plus un novice. Je passai encore quelques mois dans l'Oubangui où je commandai la région située entre Ouadda et Mobaye, après quoi, fatigué et malade, je rentrai en France, après une absence de 33 mois.

La petite expérience que je venais d'acquérir n'avait fait que fortifier mon désir d'arriver au Tchad. Mizon avait eu aussi le grand lac pour objectif. Après un remarquable voyage jusqu'à Yola, il avait tenté une deuxième expédition qui, grâce aux intrigues de la Compagnie du Niger, venait d'échouer lamentablement. Je résolus de reprendre son œuvre pour mon propre compte et je m'adressai à M. Delcassé, alors ministre des Colonies. Je reçus de lui l'accueil le plus aimable et le plus cordial. Il s'intéressa vivement à moi et m'autorisa à reprendre l'exploration de Mizon. Il m'accorda tout de suite les crédits nécessaires pour la construction d'un vapeur démontable qui fut nommé *Léon-Blot*, destiné à remonter le Niger, la Bénoué et le Maio Kebbi à l'époque des hautes eaux. On devait créer un poste à Bifara servant de base d'opérations pour tenter un transport par terre jusqu'au lac Tubury, communiquant, dit-on, avec le Logone.

Tous mes préparatifs étaient faits. Je m'étais assuré la collaboration d'un des compagnons de Mizon, M. Huntzbüchler, et je me tenais prêt à partir, quand je fus arrêté. Nos rapports avec l'Angleterre n'étant pas assez cordiaux, il avait paru au successeur de M. Delcassé, M. Chautemps, que l'on s'engageait là

PREMIÈRE MISSION.

dans une aventure qui n'offrait pas grande chance de réussite, si bien que je reçus l'ordre de surseoir à mon départ. Grâce aux démarches pressantes que je fis, j'obtins enfin de partir, en employant non plus la route du Niger, mais la voie du Congo. On devait m'envoyer des instructions, dès que M. de Brazza, qui était en route pour la France, serait arrivé. Il ne tarda pas du reste longtemps, car j'eus le plaisir de le rencontrer à Marseille au moment où il débarquait, la veille de mon départ.

Arrivé à Libreville, j'exposai ma situation à M. Dolisie, le gouverneur, qui m'engagea à prendre la route de la Likouala aux Herbes ou de la Sanga et qui sollicita immédiatement des

M. HUNTZBÜCHLER
D'APRÈS LE « MONDE ILLUSTRÉ ».

instructions du ministère. Je profitai de mon séjour à Libreville pour faire démonter pièce par pièce toute la chaudière de mon vapeur, qui n'aurait pas été transportable par la route des caravanes, et j'envoyai à Loango Huntzbüchler et Vival avec notre matériel. Je ne tardai pas à les y rejoindre et l'on commença immédiatement les transports pour Brazzaville.

On a bien souvent décrit cette route de Loango à Brazzaville. Les uns l'ont représentée comme tout à fait agréable à parcourir ; les autres, comme un trajet infernal. La vérité, en cela comme en bien d'autres choses, est entre les deux opinions.

Le transport de 1 500 à 2 000 charges a toujours été une besogne très longue et très pénible. La route ou plutôt la piste longue de plus de 500 kilomètres, suffisamment praticable en saison sèche, l'est beaucoup moins en saison des pluies. Le terrain détrempé, les cours d'eau débordants, sont autant d'obstacles à la marche des porteurs chargés d'un colis pesant en moyenne de 25 à 30 kilos. Quand, et c'était notre cas, on avait à transporter des pièces pesant plus de 200 kilos, l'entreprise devenait plus dure. Les porteurs refusaient de s'en charger, ou s'ils acceptaient, c'était pour les déposer à quelques kilomètres du point de départ et s'enfuir. Aussi considérerai-je toujours comme un véritable tour de force le transport qui fut fait de sept de ces charges lourdes, pesant plus de 200 kilos chacune, en moins de 45 jours. Je me hâte de dire que le mérite en revient tout entier à mon camarade Huntzbüchler qui, pour obtenir semblable résultat, ne marchanda ni son temps ni ses peines. J'étais à Loango depuis quelques jours quand je reçus enfin les instructions attendues. Elles étaient courtes et résumées dans une dépêche dont la lecture me consterna tout d'abord, car elle semblait me prescrire une action plus restreinte que celle que j'avais en vue [1]. Mais je ne tardai pas à me rendre compte — ou tout au moins à me persuader — que je pouvais interpréter dans un sens plus large le texte un peu ambigu de cette dépêche. Et je sollicitai de M. Dolisie un supplément d'instructions.

Pendant ce temps, grâce à la complaisance du délégué de

M. PRINS.
D'APRÈS LE « MONDE ILLUSTRÉ ».

1. Voir la Note 1 au Chapitre des « Notes et éclaircissements ».

A BRAZZAVILLE.

MARCHÉ DE BRAZZAVILLE.

l'intérieur à Loango et à la dévouée collaboration de mes compagnons, toutes les pièces du vapeur étaient expédiées rapidement. Je me mis en route, fin juillet, en donnant l'ordre à Huntzbüchler de continuer les expéditions, et de se charger lui-même d'accompagner les grosses pièces. Le 23 octobre, nous étions tous réunis à Brazzaville, à l'exception du jeune Vival, cet enfant de vingt ans, qui, de retour, depuis six mois, du voyage qu'il avait fait avec Clozel, repartait avec nous. A peine avait-il quitté Loango qu'il tombait, atteint d'une fièvre bilieuse hématurique, qui l'enlevait, trois jours plus tard, à notre affection et à celle des siens. C'était une victime de plus à ajouter à la liste déjà nombreuse de ceux qui avaient payé de leur vie la poursuite du même programme. Mais, si la mort d'un soldat attriste ses camarades, elle ne les décourage pas. La place de l'absent fut de suite prise par un jeune homme nommé Prins, qui, en fait de passé colonial, n'avait guère qu'une connaissance approfondie du Paris joyeux, mais qui, grâce à sa ténacité et à son énergie, ne devait pas tarder à devenir un Africain. Du reste je n'avais pas le choix, car je l'avoue sans fausse honte, nous étions tenus en très piètre estime. Nous étions, au dire du Tout-Brazzaville, destinés à être rappelés, ou bien, si par malheur nous partions, voués à un irrémédiable échec. Aussi, j'aurais pu chercher un collaborateur parmi les agents en service dans la deuxième capitale du Congo, je ne l'aurais pas trouvé. Je ne le cherchai pas d'ailleurs, je gardai M. Prins et j'eus tout lieu de m'en féliciter.

Mon séjour à Brazzaville fut tout entier consacré à la reconfection de nos colis qui avaient été bien avariés et dont beaucoup nous manquaient, principalement ceux de vivres ; mais fort heureusement le vapeur était au complet.

C'était le point important.

Nous étions donc à Brazzaville. Mais il fallait en partir et ce n'était pas commode. Nous avions en effet pour atteindre Bangui à parcourir, sur le fleuve Congo et son affluent l'Oubangui, environ 1 200 kilomètres, et, comme la flottille du Congo français se composait juste de quatre petits vapeurs, l'*Oubangui*, le *Djoué*, l'*Alima*, le *Faidherbe*, destinés à ravitailler nos postes extrêmes de la Sanga et du Haut Oubangui, dirigés par mon ami Liotard, il était probable que notre séjour serait de quelque durée. Heureusement pour nous, se trouvait à Brazzaville un administrateur de haut mérite doublé d'un excellent homme, M. Chauvot.

Il n'hésita pas un instant à mettre à ma disposition trois de ses vapeurs. Comme on le voit, il ne pouvait faire davantage.

Ma reconnaissance pour lui durera toujours, car ce fut cette généreuse initiative de sa part qui fut cause que nous réussîmes dans notre entreprise.

N'ayant pas reçu de réponse à ma demande d'instructions, je pris le parti de me mettre en route, en laissant Huntzbüchler et Prins, avec la mission de rassembler le plus possible de nos colis et de me rejoindre par la suite. J'emmenai avec moi le vapeur, me disant qu'après tout si l'on me désapprouvait en

A BRAZZAVILLE.

PAYSAGE DE L'OUBANGUI.

haut lieu, il serait toujours possible de céder le *Léon-Blot* au Haut Oubangui, tandis que le *Jacques d'Uzès*, qui lui était destiné et qui était d'un type identique, resterait à Brazzaville.

Ce raisonnement, quoique peut-être fort judicieux, était plutôt fait pour rassurer ma conscience un peu alarmée par les suites que pouvait avoir pour moi la façon légèrement large avec laquelle j'interprétais une dépêche officielle.

Et puis après tout, pourquoi était-elle si peu claire cette dépêche? Tout le monde sait qu'on emploie aussi bien le mot *monter* que celui de *transporter* quand on veut désigner l'acte de diriger un objet du Sud vers le Nord. Évidemment on avait voulu dire : le vapeur sera transporté à Brazzaville par Huntzbüchler, ou toute autre personne de confiance. et de là vers le point que j'aurai reconnu... C'était certain, d'autant plus certain que cette dépêche avait été rédigée d'après les indications de M. de Brazza, et il m'avait promis trop formellement de ne pas m'oublier en me quittant à Marseille, pour que je pusse avoir l'ombre d'une arrière-pensée... Cette conclusion mathématique calma tous mes scrupules.

J'emmenai le vapeur. Je pus, dès lors, jouir en paix de l'agréable spectacle qu'on a devant les yeux en naviguant sur le fleuve immense qu'est le Congo, et sur son affluent l'Oubangui, encore large, en bien des points, de plusieurs kilomètres. Végétation splendide, arbres géants, lianes à caoutchouc, c'est une débauche de verdure ; on sent un écrasement de tout l'être devant cette puissance inouïe de la nature. Pendant vingt jours, on ne voit pour ainsi dire que la forêt avec çà et là quelques clairières, où s'élèvent les huttes carrées, en écorce d'arbres, des indigènes.

Appuyés sur leurs lances, on les voit bordant les rives, superbes dans leurs proportions athlétiques, vous regardant passer, immobiles. Leur physionomie sombre et farouche a quelque chose de repoussant. Leurs dents limées en pointe achèvent de leur donner une expression sinistre. C'est bien ainsi qu'on se représente des cannibales, et de fait ils le sont avec passion. Si l'on s'arrête dans leurs villages, on trouve, au seuil de presque toutes les cases, des crânes humains provenant de leurs hideux festins. Sans être aussi persuadés que certains voyageurs qu'ils ont des esclaves à l'engrais, je suis certain qu'ils en achètent pour les manger. Arrêté un jour dans un village bondjio (ainsi se nomment ces aimables personnages), on me proposa de m'acheter un petit domestique noir contre quatre chèvres...

Aussi bien n'est-on pas tenté de prolonger longtemps son séjour chez des gens aussi peu ou trop hospitaliers, comme on voudra. Les seuls rapports qu'on a avec eux consistent à leur acheter des vivres frais, poules, chèvres, manioc, bananes, et, quand le marché est terminé, on s'éloigne pour aller camper plus loin. La précaution est bonne, car si ces gens sont lâches et répugnent à une attaque de vive force, ils sont d'une adresse remarquable pour surprendre un homme endormi, ou isolé, ou pour venir voler des armes à bord des bateaux. On s'étonnera

LA MISSION ACHÈTE DES VIVRES SUR LES BERGES DE L'OUBANGUI.

LE POSTE DE BANGUI.

avec quelque raison que nous n'ayons pas pris depuis longtemps vis-à-vis de ces sauvages quelques mesures protectrices... La cause en est très simple : l'argent faisait défaut et par suite la création des quelques postes qui auraient non seulement assuré la sécurité du fleuve, mais auraient permis d'entrer en rapports commerciaux avec les indigènes, ne put se faire.

Désireux avant tout de devancer les missions anglaises et allemandes qui ne cessaient de nous contrecarrer, nous étions obligés malgré nous d'aller de l'avant pour tâcher d'arriver les premiers au Tchad et de réaliser notre programme de jonction de l'Algérie, du Soudan et du Congo français. Aussi ne prîmes-nous pas le temps de garder solidement les fleuves qui offraient à la navigation une route suffisamment sûre et nous occupâmes-nous surtout des régions situées plus au Nord. Il aurait fallu faire les deux choses à la fois. Les quelques centaines de mille francs qui auraient été dépensées dans la construction de postes de pénétration et d'occupation auraient été largement compen-

L'EMPIRE DE RABAH.

sées par les profits qu'auraient recueillis plus tard les commerçants qui se seraient établis sous leur protection et qui auraient pu, grâce à eux, trouver chez l'indigène préalablement éduqué des dispositions plus favorables et une collaboration qui, à l'heure actuelle, fait complétement défaut... Je reviendrai plus tard sur ce sujet.

Le vapeur à bord duquel je me trouvais était le *Faidherbe*, qui plus tard navigua sur le Nil avec Marchand ; il me conduisit enfin à Bangui où j'arrivai en novembre.

Bangui est le seul poste que nous ayons sur l'Oubangui, depuis Lirranga, à son confluent avec le Congo, soit environ sur six cents kilomètres. On conviendra que c'est peu.

Bâti sur un rocher au pied d'une colline et en face des fameux rapides de Zongo, il offre à la vue un aspect agréable. Mais le séjour n'y a rien de réjouissant. Tout autour du poste le terrain est mouvementé et couvert de forêts. C'est un véritable exercice de gymnastique que l'on fait quand on veut entreprendre une marche de quelques centaines de mètres. Les malheureux que la destinée a conduits sur le rocher de Bangui n'avaient à cette époque d'autres distractions que de voir arriver de temps en temps un vapeur avec des nouvelles de France... La chasse, il n'y fallait pas songer, sous peine d'être soi-même transformé en gibier... Heureusement que la préoccupation de l'organisation des convois intervenait dans une très notable mesure pour occuper les quelques Européens qui s'y trouvaient et qui sans cela seraient morts d'ennui... J'ai dit, en effet, que Bangui était situé en face d'un rapide. Pendant six mois de l'année au plus ce point est le terminus de la navigation en vapeur. Pendant les six autres mois, on ne peut pas l'atteindre et les navires s'arrêtent à une centaine de kilomètres en aval, à Zinga.

Le rapide de Bangui et ceux qui lui succèdent sur une étendue de soixante kilomètres environ sont très dangereux et on n'y risque pas volontiers un vapeur. Aussi on organise des convois de pirogues avec les indigènes qui habitent le haut du fleuve, et qui se nomment Banziris, Sangos, Bourakkas, etc.

LE RAPIDE DE L'ÉLÉPHANT SUR L'OUBANGUI.

LES RAPIDES.

Leurs pirogues taillées dans d'immenses troncs d'arbres sont généralement à fond plat, ont la poupe et l'avant sculptés d'une façon élégante et portent en moyenne vingt colis de trente kilos avec quelques hommes, sans compter leur équipe variant entre 10 et 16 pagayeurs. Mariniers remarquables, les Banziris ou les Sangos n'ont pas leurs pareils pour manœuvrer leurs frêles embarcations, au milieu des rapides et des rochers. La pirogue lancée à toute vitesse semble vouloir s'écraser sur les cailloux ; point, un léger coup de perche, des coups de pagaie plus vigoureux, on passe, on est passé. Un chant retentissant et cadencé s'échappe des poitrines de tous, accompagné par un tam-tam, et l'on continue ainsi pendant deux jours environ; le troisième on atteint Ouadda.

A mon arrivée à Bangui, Le Bihan, qui m'y avait précédé de quelques jours, était déjà parti avec des pirogues que lui avait procurées M. Michaud, administrateur. Il avait enlevé une bonne partie de notre matériel ; aussi, ne voulant pas attendre le retour de ces pirogues, je me décidai à passer les rapides en vapeur.

J'avais déjà tenté l'opération avec succès en 1893, j'étais donc sûr de moi, et comme le *Faidherbe* était encore capable de donner douze nœuds, j'estimai qu'il était possible de recommencer.

Je me mis en route dès le lendemain. Lancés à toute petite vitesse, nous nous engageons dans le rapide ; les eaux bouillonnent, le courant est d'une violence inouïe. Tenant moi-même la barre, je fais augmenter peu à peu l'allure de la machine, le vapeur semble sauter par bonds, nous avançons doucement, le premier seuil est franchi, le deuxième aussi, nous saluons à notre passage la mission catholique des pères du Saint-Esprit qui, récemment arrivés, s'occupent de construire leurs habitations, et nous continuons. Successivement nous passons quatre autres seuils et nous voici devant le rapide de l'Éléphant. Il est formidable et presque terrifiant, les eaux se précipitent sur les rochers avec un grondement effroyable, la passe où nous devons nous engager est étroite, des tourbillons nous prennent, faisant évoluer le navire cap pour cap, la barre est impuissante, la vitesse

L'EMPIRE DE RABAH.

est presque nulle. On fait monter la pression à 11 kilos (la chaudière étant timbrée à 9) et finalement après quelques minutes angoissantes nous voici hors de danger. Il n'y a plus qu'à passer le seuil de Mokoangaï, très facile quand on le connaît bien, et l'on n'est pas loin de Ouadda. Mokoangaï est franchi, et, tout soulagé, je me prépare à fumer une cigarette, avec la satisfaction du devoir accompli, je me relâche un peu de ma surveillance, et nous allons nous échouer sur un banc de sable. Une minute après nous étions de nouveau en route, mais l'arbre de l'hélice faisait en tournant un broutement anormal; la vitesse était diminuée, nous avions certainement un accident dans notre hélice. Tant bien que mal nous arrivons à Ouadda ; l'hélice est démontée : elle n'avait que deux branches, l'une d'elles s'était cassée. A l'examen, la cassure était brillante sur environ un quart de sa longueur, l'autre partie était rouillée et l'avarie datait de longtemps. Nous venions donc de passer les rapides avec une hélice dont une aile était aux trois quarts cassée. Quand j'y songe encore, j'en ai froid dans le dos. A quoi tient la vie en certaines circonstances !

Enfin nous sommes à Ouadda. On met en place l'hélice de rechange et je renvoie le *Faidherbe* à Brazzaville. Je retrouvai le poste que j'y avais créé à peu près abandonné. Seul un Sénégalais y gardait notre pavillon et une factorerie hollandaise s'y était installée pour faire le commerce de l'ivoire avec les indigènes...

On construisit d'abord un magasin, pour y renfermer le matériel, après quoi on continua l'éducation militaire de nos hommes qui laissait beaucoup à désirer. J'avais alors comme personnel indigène quarante Sénégalais, autant de Soussous, une trentaine de Bacongos recrutés à Brazzaville et une douzaine de déserteurs de l'État Indépendant. Tout le monde était armé, mais en réalité des Sénégalais seuls on pouvait faire des soldats. A part quelques exceptions, tout le reste était surtout bon à faire des porteurs... Des porteurs! C'est là la question capitale. J'en avais soixante-dix et il me fallait en trouver deux mille. J'étais loin de

LA KÉMO.

compte et il ne fallait pas espérer que les indigènes de la rivière en fourniraient. Les Banziris, Bourakkas ou Sangos, riverains du Haut Oubangui, sont avant tout pêcheurs et piroguiers. S'ils se risquent dans l'intérieur, c'est pour y échanger leur poisson fumé contre du manioc, qu'ils ne plantent pas, ou contre des cabris, des poules, voire même des chiens dont ils apprécient beaucoup la chair. Ils servent aussi depuis quelques années d'intermédiaires entre les commerçants européens et les indigènes de l'intérieur pour des achats d'ivoire. Ils désignent ces derniers sous le nom de N'dris ; c'est un terme de mépris voulant dire : homme de brousse. C'est cette appellation qui les a fait identifier par certains voyageurs avec des populations de la Sanga que l'on nomme N'derés (appellation tout aussi fausse d'ailleurs), et qui ne leur ressemblent en rien. Les Banziris, qui ne tenaient pas à porter, n'avaient pas non plus grand désir de nous voir entrer en rapports directs avec les soi-disants N'dris, car ils prévoyaient naturellement que leur courtage cesserait par cela même. Aussi quand, désespérant de trouver des porteurs à Ouadda, je me décidai à suivre l'itinéraire précédemment adopté par Dybowski et Maistre, c'est-à-dire la Kémo, j'eus relativement assez de peine à trouver les pagayeurs nécessaires. Heureusement que pendant le peu de temps que j'avais commandé la région, j'avais eu la chance de soigner le fils d'un chef bourakka, nommé Droumba, d'une blessure résultant d'un coup de sagaie qui l'avait traversé de part en part.

Ce jeune chef, qui avait succédé à son père, me donna des pagayeurs et m'accompagna lui-même. Je remontai la Kémo avec presque tout mon personnel, laissant la majeure partie du matériel à la garde d'un sergent-fourrier, nommé Sada N'dyiaie. Nous avions avec nous juste assez de charges pour nous passer des indigènes et faire une reconnaissance avec nos propres moyens. Nous atteignîmes, au bout de trois jours de navigation assez pénible, le village du chef Krouma indiqué par Dybowski et Maistre. Le premier de ces voyageurs y avait fondé un poste dont il ne restait nul vestige. Il était impossible de continuer

L'EMPIRE DE RABAH.

plus loin par rivière ; aussi pris-je le parti de réexpédier mon embarcation en fer, en même temps que les pagayeurs et un agent de la maison hollandaise qui nous avait accompagnés jusque-là.

Nous essayâmes en vain de recruter des porteurs. Tout ce que j'obtins de ce vieux nègre retors qui avait nom Krouma fut la proposition de me vendre un esclave qu'il me présenta.

Je déclinai l'offre, en lui disant que nous ne nous livrions pas à de semblables transactions et il s'en retournait avec son esclave, quand ce dernier, s'adressant à un de nos interprètes indigènes, lui dit : « Conseille au blanc de m'acheter, je connais la route de Semoussou ». Semoussou, corruption de Senoussi, le nom du chef musulman chez lequel Crampel avait été assassiné, l'offre était tentante... Aussi, je n'hésitai pas et expliquai à Krouma que, bien que n'achetant pas d'esclaves, je prendrais tout de même son homme à mon service... Je ne sais s'il comprit la différence. Quoi qu'il en soit, il me répondit : « Je te le donne pour vingt capsules. » Tous frais payés, pertes comprises, c'était au maximum un franc pour prix d'une vie humaine... Ne serait-ce que pour empêcher dans l'avenir semblable trafic, il est légitime que nous apportions parmi ces primitifs notre civilisation, et que, une fois de plus, nous nous fassions les champions et les protecteurs de ces opprimés. Ce but seul suffit à justifier notre expansion en Afrique... Notre nouveau compagnon avait un nom trop difficile à prononcer, je le baptisai Vingt-Sous. Il nous fournit de suite tous les renseignements que je demandai et nous pûmes nous mettre en route, le lendemain, à destination du village d'un chef nommé Azangouanda, avec lequel Maistre avait passé un traité.

Je ne tardai pas à m'apercevoir que notre nouveau guide nous trompait. Au lieu de nous faire suivre une route dans une direction O.-N.-O, nous marchions directement au Nord. Après nous avoir fait parcourir une trentaine de kilomètres sur des sentiers assez mauvais, il disparut subitement. Nous ne le revîmes plus. N'ayant plus d'autres indications que la boussole,

CHEZ LES G'BAGGAS.

nous obliquons à l'Ouest, et après trois heures de marche dans une broussaille épaisse, nous finissons par venir camper auprès d'un clair ruisseau. De temps en temps on entendait des cris partant du fouillis d'arbres qui nous entourait. C'étaient des indigènes qui se réunissaient. Bientôt des tam-tams résonnèrent de toutes parts, et vers la fin de la journée un guerrier armé de pied en cap se mit à nous héler. Grâce à notre interprète, je réussis à le faire venir et lui demandai de nous procurer des vivres... Il disparut et ne tarda pas à revenir avec de nombreux compagnons. Ils avaient bien quelques vivres, mais le désir de les vendre ne semblait pas être leur grande préoccupation.

Ce qui les attirait surtout c'étaient nos ballots de fusils, qu'ils auraient voulu posséder. Au fur et à mesure que leur nombre augmentait, leurs exigences devenaient plus grandes : on me demandait de donner un fusil pour une poule... Je me rendis vite compte que l'on voulait essayer un mauvais coup. C'était d'autant plus certain que pas une femme n'était venue vendre. Étant donné ce que je savais des mœurs indigènes, c'était ou une déclaration de guerre à bref délai, ou au moins le signe d'intentions peu bienveillantes. Aussi me décidai-je à rompre le marché et à me remettre en route pour occuper un meilleur point de défense.

Mon monde fut vite rassemblé, les porteurs au centre, encadrés par des Sénégalais. Tandis qu'une avant-garde protégeait la marche, l'arrière-garde avec Le Bihan surveillait les indigènes dont le nombre s'accroissait sans cesse. J'étais à peine de l'autre côté du ruisseau que je découvris une seconde troupe, bien plus nombreuse que la première, se dirigeant vers nous en poussant des vociférations.... C'était décidément un guet-apens qu'on nous avait tendu. On forma le carré, et cette manœuvre sembla si fort étonner nos agresseurs qu'ils s'éloignèrent rapidement et se tinrent à distance respectueuse.... Ces indigènes s'appelaient des G'Baggas.

Mon but étant de les attirer vers nous, par l'appât d'un gain quelconque, je voulais par dessus tout éviter une effusion de sang, et tout en marchant, j'entretenais de loin la conversation par l'intermédiaire de mon interprète. Ayant enfin trouvé un terrain découvert pour nous y installer, nous reprîmes les transactions qui s'effectuèrent sans incident. Le lendemain nous repartons, toujours sans guide et toujours suivis par les G'Baggas, qui ayant rencontré un porteur retardataire se jetèrent sur lui et lui enlevèrent la caisse de perles qu'il portait, ainsi qu'un fusil à piston, sans lui faire de mal. Après quoi ils disparurent. Le soir seulement le porteur dévalisé me rendit compte du fait. Il était trop tard pour essayer de remettre la main sur les objets volés.

Sans aucun renseignement sur les habitants et sur les lieux, des représailles risquaient fort de tomber sur des innocents... Il n'y avait qu'à supporter l'affront et à attendre une meilleure occasion... Après tout étaient-ils si coupables ces primitifs, et la perte légère que nous avions subie valait-elle que le sang coulât?... Je ne le pensai pas et, bien que ma mansuétude dût être considérée par nos voleurs comme un acte de faiblesse, je préférai cela à une facile opération de police qui eût fait de nous des meurtriers... Il y a souvent vis-à-vis de ces sauvages armés de lances ou de flèches plus de réel courage à attendre leur attaque de pied ferme, qu'à céder à un moment d'impatience et d'énervement et à commander un feu de salve dans des masses sans cohésion, sans discipline, qui disparaissent immédiatement en laissant derrière elles des morts et des blessés...

Une dernière journée de marche nous amena enfin, après avoir traversé des marais bourbeux, à une rivière d'une vingtaine de mètres de largeur. C'était la Tomi, deux fois traversée par Maistre. Nous nous disposâmes à camper et, pendant qu'on s'occupait à débrousser le terrain, un indigène d'une quarantaine d'années environ s'avança vers nous. Il me dit s'appeler Gano et connaître très bien les blancs qui étaient passés chez Azangouanda. Comme il ne paraissait pas très craintif, je lui annonçai mon désir de rester installé quelque temps dans le pays. Il me promit de nous approvisionner et de faire prévenir Azangouanda. Nous étions alors au 1er janvier 1896.

Partis de Ouadda le 12 décembre, nous avions donc mis dix-huit jours, arrêts compris, pour franchir une distance à vol d'oiseau d'un peu plus de 60 kilomètres au Nord de notre point de départ et nous avions transporté soixante-dix charges...

Ce résultat était mince et profondément décourageant. Aussi cette journée du 1er janvier fut-elle pour moi remplie d'amertume et de tristesse... Une lueur d'espoir me revint après un examen plus approfondi du petit cours d'eau sur les bords duquel nous étions campés. Peut-être pourrait-on y naviguer en pirogue.

PILEUSES DE MIL.

Si oui, la partie n'était pas perdue. Il fallait d'abord voir en quels termes nous serions avec les indigènes, nos nouveaux hôtes.

Dès la première entrevue avec les N'dis, ainsi s'appelaient-ils, la glace fut rompue. Azangouanda, un de leurs grands chefs, qui avait un traité avec Maistre, ayant constaté le profit qu'il y avait à nous avoir chez lui, nous apporta ou nous fit apporter tous les vivres que nous pouvions souhaiter à des prix ridiculement bas : deux cuillers à café de perles de verre, soit environ 0 fr. 20 pour une poule ; 0 fr. 80 pour un cabri. Quant au manioc, qui pour nos Sénégalais et pour nous-mêmes remplaçait le pain, nous en pûmes constituer de suite un stock assez important. Il y a plusieurs manières de préparer le manioc ; aucune, à mon avis, ne vaut celle qu'emploient les N'dis : la racine plongée dans l'eau pour lui enlever ses sucs vénéneux est ensuite séchée au soleil pendant plusieurs jours et réduite en farine dans des mortiers en bois. Cette farine est très blanche et, si l'on prend la précaution de l'aérer fréquemment, on la conserve assez longtemps.

Les N'dis continuèrent à nous bien traiter. Leur bon accueil me fit oublier en partie mes découragements des jours précédents. L'idée d'atteindre le Tchad me paraissait moins irréalisable. J'entrevoyais avec plus de confiance la possibilité de réussir là où d'autres avaient échoué. Les trois grands fragments de notre jeune empire africain ne pouvaient être réunis que par l'occupation du Tchad. J'allais donc contribuer, pour une part, à cette entreprise indispensable à notre expansion dans le Continent Noir.

II

Installation dans la Tomi et reconnaissances. — Fondation du poste de Krebedjé. — De Krebedjé à la Nana. — Transport des charges. — Ravitaillements. — Bonnes nouvelles de Libreville. — Le *Léon-Blot* est mis en chantier, puis lancé. — Fondation du poste de Nana B. — Les musulmans de Senoussi.

Sûr que nous pouvions être des rapports avec les N'dis, j'envoyai Le Bihan à Ouadda avec une lettre pour Huntzbüchler qui devait y être arrivé. Je lui donnai comme instructions de recruter un convoi de pirogues et de remonter la Tomi s'il le pouvait avec le plus grand nombre de charges possible. Le Bihan avec des guides fournis par Azangouanda atteignit Ouadda en quatre jours et y rencontra Huntzbüchler qui venait d'arriver avec un petit convoi de vivres.

Huntzbüchler, avec son activité habituelle, réunit en hâte une dizaine de pirogues qu'il chargea et, accompagné d'un agent de la maison hollandaise, M. de Graff, il s'engagea dans la Kémo, puis dans la Tomi. Il constata sur son parcours l'existence de nombreux rapides et d'une chute de près d'un mètre assez dangereuse. Deux de ses pirogues chavirèrent, mais fort heureusement on put en repêcher le contenu.

Les rapides franchis, la rivière large, d'abord de 30 à 40 mètres, se rétrécissait davantage, au point qu'en certains endroits des arbres qui y étaient tombés l'obstruaient presque complètement. Il fallait faire son chemin à la hache. Enfin au bout de dix jours, après de grandes fatigues, le convoi accostait près de notre campement et je pouvais donner l'accolade à Huntzbüchler[1].

1. Voir Note 2.

L'EMPIRE DE RABAH.

UN BARRAGE DE PÊCHE.

Sans perdre de temps, dès le lendemain, laissant mon fidèle collaborateur à la garde du camp, je montai moi-même dans une pirogue afin de reconnaître la rivière en amont.

Son cours est de plus en plus tortueux, ses rives s'infléchissent en lacets nombreux, se repliant presque complètement sur eux-mêmes, si bien qu'on met plus d'une demi-heure à franchir la distance de deux points séparés à peine de 300 mètres à vol d'oiseau. Au bout de dix heures d'une navigation interrompue parfois pour nous frayer un passage au milieu des branches d'arbres et des barrages de pêcheries fermant complètement la rivière, nous atteignons une zone de rapides qui serait franchissable; mais le cours de la Tomi s'incurve vers la gauche. Il est inutile de pousser plus loin. Nous avons atteint le terminus de la navigation utile. Nous sommes par 5° 45' Nord. Une falaise élevée de 8 mètres au-dessus de la rivière la surplombe. Nous y abordons ; le terrain argileux bien découvert offre toutes les

LA TOMI.

SUR LA TOMI, PASSAGE D'UN RAPIDE.

commodités pour la création d'un poste. Les indigènes, qui nous avaient suivis pendant notre montée, se rapprochent de nous, ils ne manifestent aucune crainte. Ce sont encore des N'dis, et les deux chefs G'Bongo et Krebedjé qui viennent me voir m'assurent de leurs bonnes dispositions. D'ailleurs ils connaissent Maistre qui a séjourné chez eux, leur village est indiqué sur la carte de ce voyageur sous les noms de Diougoumara et de Gor. Ils m'avouèrent n'avoir pas voulu dire leur véritable nom aux Européens qui nous avaient précédés, sans m'en donner la raison. A quoi bon d'ailleurs insister, l'essentiel est que nous nous entendions.

J'obtiens de Krebedjé et de G'Bongo qu'ils m'accompagneront à notre camp, et nous redescendons la rivière. Un premier point était acquis. J'avais la certitude que nos convois pourraient être faits sans difficulté entre Ouadda et le village de Krebedjé, c'est-à-dire que nous pouvions nous rapprocher de près de cent kilomètres du but. Il y avait par suite lieu de s'établir définitivement à Krebedjé et de faire diriger sur ce point tout notre matériel.

Huntzbüchler s'en retourna donc à Ouadda pour réunir les pirogues nécessaires, pendant que je me préoccupais de trouver des porteurs pour déménager notre camp et occuper le point que j'avais reconnu.

Krebedjé et G'Bongo, qui s'étaient rendu compte du profit qu'ils pourraient retirer du fait de notre présence chez eux, réunirent très rapidement les hommes nécessaires et, en quelques jours, nous étions installés. Le 2 mars, nous commençons le poste : une maison d'habitation en pierre et en torchis, un magasin en pisé s'élèvent, un camp pour nos hommes se construit. En un mois et demi, nous étions tous logés. Peu à peu les convois montaient, nos colis s'entassaient dans le magasin, les pièces du vapeur méthodiquement rangées et numérotées étaient au grand complet sous un hangar.

Huntzbüchler me rejoignait en avril ; mais, surmené par les fatigues que nous endurions tous, malgré son robuste tempérament, il tomba bientôt atteint d'une fièvre bilieuse hématurique. Je le soignai du mieux que je pus, et au bout de quelques jours, il était hors de danger, mais si affaibli, qu'il lui était impossible de faire quoi que ce soit. Un long repos lui était donc nécessaire, aussi décidai-je de le laisser au poste de Krebedjé pendant que j'irais reconnaître la route au Nord. Un chef N'di, nommé Ernago, qui habitait à une vingtaine de kilomètres du poste, se présenta à moi et voulut bien consentir à nous servir de guide.

Nous nous mettons en route le 15 avril, en suivant une piste assez bien frayée. A une heure de notre point de départ, nous devons traverser la Tomi, large de vingt mètres encore, sur un pont de lianes.

Le paysage est monotone ; de vastes espaces couverts d'herbes ; des arbres nombreux, mais clairsemés.

Nous avons cette fois complètement abandonné la région des grandes forêts. On ne trouve plus d'arbres élevés que le long

ERNAGO.

LE POSTE DE KREBEDJE.

des ruisseaux que nous traversons. Le soir, nous sommes au village d'Ernago. Il se compose d'une centaine de cases espacées sur les flancs d'une colline rocailleuse. A part quelques notables vêtus d'une espèce de robe en étoffe de coton grossièrement tissée dans le pays, tout le monde est couvert d'un pagne d'écorce tannée, serré à la taille, laissant le torse et les jambes nus. Les femmes n'ont pour tout vêtement que quelques feuilles qui cachent leur nudité. Quelques-unes portent des colliers de perles autour du cou, des bracelets de cuivre grossiers aux poignets et des anneaux au-dessus des chevilles. Les élégantes ont le nez et la lèvre inférieure percés pour y introduire de petites tiges d'étain. Les hommes n'ont pour armes que des lances ou des sagaies et presque pas de flèches, alors que les G'Baggas, au contraire, s'en servent principalement. Ernago nous fait les honneurs de son village avec la plus grande amabilité, et, bien que son visage ne respire qu'à moitié la franchise, nous sommes tout à fait en confiance.

Nous y passons la nuit, autant pour nous approvisionner que

L'EMPIRE DE RABAH.

LA ROUTE DE KREBEDJÉ À GRIBINGUI.

pour laisser le temps à Ernago de régler une affaire de ménage très grave.

L'une de ses femmes, la plus jeune et la plus aimée (naturellement), était soupçonnée d'avoir accordé en l'absence du mari quelques « menus suffraiges » à un galant du village. Il n'y avait pas flagrant délit. Aussi les deux protagonistes niaient-ils à qui mieux mieux. On décida donc de s'en rapporter au jugement de Dieu. Ernago, qui cumulait avec les fonctions de chef celles de féticheur, s'en alla planter sur une termitière une douzaine de petits morceaux de bois. Ils devaient y rester trois jours. Si au bout de ce temps les termites avaient laissé les piquets intacts, la femme était innocente. Sinon elle était coupable...

Décidément l'histoire de tous les peuples est un éternel recommencement. C'était là une épreuve analogue à celles en usage chez nous aux débuts du Moyen âge. Combien d'innocents ces grossières superstitions ont-elles sacrifiés !...

Ernago tenait beaucoup à rester pour vérifier lui-même ses

ERNAGO.

CHEFS DES UNGOURRAS.

piquets. Je parvins néanmoins à le décider à nous accompagner dès le lendemain, en lui disant de confier ce soin à un ami qui le préviendrait. Il finit par consentir, et nous partîmes ; le sentier large et bien frayé serpentait le long d'une série de petites collines traversant de jolis bouquets de bois ombreux et des ruisseaux aux eaux claires, la Bazinda, la Moumounie, la M'Bingui, la N'Gougpé, larges de quelques mètres et peu profonds. Nous campons sur les bords de la N'Gougpé. Partout nous avons vu des traces de villages détruits, mais aucune habitation. Nous questionnons Ernago sur l'itinéraire de Maistre. Il nous dit qu'il a passé un peu plus à l'Ouest, sans pouvoir nous renseigner.

Le lendemain matin de bonne heure, après deux heures de marche, nous arrivons enfin à un très grand village, chez un chef nommé M'Boué. Nous sommes chez les Ungourras. Ernago a l'air d'être en pays de connaissance ; du reste, la langue des

L'EMPIRE DE RABAH.

Ungourras est la même que celle des N'dis. Nous sommes admirablement reçus. Aussi, conçois-je les plus agréables espérances au sujet de la poursuite de ma reconnaissance en avant, et je m'endors la joie au cœur. Le réveil fut plutôt désagréable. M'étant informé à quelle distance se trouvait la Nana, rivière indiquée par Maistre comme un des sous-affluents du Chari, on me répondit qu'il y avait peut-être une rivière de ce nom chez les Mandjias, mais que personne n'en connaissait la route, car les Mandjias étant en guerre avec les Ungourras, il ne fallait pas songer à trouver un guide. D'ailleurs les Mandjias étaient des gens belliqueux et ne nous laisseraient pas passer. Je connaissais l'antienne et n'insistai pas. En pareil cas, il vaut mieux ne pas discuter. Je me contentai de dire que je ne craignais pas plus les Mandjias que n'importe quelle autre tribu indigène et que je me réservais plus tard d'aller chez eux moi-même. Patience est vertu d'Africain. Il ne m'aurait servi de rien de brusquer les choses. C'était un retard de trois mois au minimum qui s'offrait à nous. Va pour trois mois. Pourvu que la santé se maintienne, c'est l'essentiel. Je me fis le raisonnement très simple que, désirant recruter des porteurs parmi les indigènes, il fallait éviter de les molester et de leur inspirer de la crainte. Je réfléchissais que le premier contact de la mission Maistre avec les Mandjias avait été suivi d'une effusion de sang ; y aller seul ou avec leurs ennemis sans avoir préparé le terrain, c'était s'exposer de nouveau à combattre, ce qui n'aurait pas procuré de porteurs. Aussi mon parti fut vite pris. Je déclarai aux chefs Ungourras que j'allais m'installer chez eux et que s'ils désiraient commercer avec nous, ils devraient d'abord nous construire des abris pour recevoir nos marchandises dans un endroit que je choisirais, ensuite nous fournir des porteurs pour évacuer Krebedjé. Cette solution enchanta fort les Ungourras, qui allaient, eux aussi, pouvoir se procurer nos marchandises, soit en nous vendant des vivres, soit en portant pour nous.

L'emplacement du nouveau camp fut choisi sur un plateau

LES UNGOURRAS.

CHEF ET FEMME OUADDAS.

ferrugineux dominant la vallée de la petite rivière M'Bingui, traversée par Maistre un peu plus à l'Ouest, et qu'il donne à tort comme un affluent du Chari, alors qu'elle se jette dans la Kémo qui appartient encore au bassin du Congo. Le nouveau camp qui s'appela Camp des Ungourras, était situé à peine à une soixantaine de kilomètres de Krebedjé. C'était maigre, mais c'était toujours cela d'acquis.

Les derniers arrangements terminés, nous revenons à Krebedjé, où je trouvai Huntzbüchler tout à fait rétabli. Nous n'eûmes plus qu'à attendre avec patience que les chefs Ungourras vinssent nous trouver avec des porteurs. A la date fixée, c'est-à-dire le 11 mai, personne n'était là. Je décidai d'envoyer Huntzbüchler pour occuper le point que j'avais choisi et recruter des porteurs. Il était à peine en route que M'Boué arrivait avec 300 hommes. C'était décidément un brave homme. On les chargea immédiatement, et ils se mirent en route. Cette première expérience réussit au delà de mes espérances. Pas une charge ne manqua à l'appel. Le portage était créé. Payés très régulièrement, les porteurs arrivèrent assez facilement. Le camp des Ungourras, composé d'abord des quelques cases construites par les indigènes, devenait plus habitable. Sous l'énergique impulsion d'Huntzbüchler, un grand magasin en pisé s'élevait; des cases pour Européens s'édifiaient. Le Bihan dirigeait les convois. Bref, vers la fin de juin, malgré les pluies qui commençaient à tomber depuis un mois, il ne restait plus grand matériel à Krebedjé. A part un boat en acier venant de Brazzaville, tout était transporté.

Ce boat pesait près de 800 kilogrammes, était long de 9 mètres, large de 2. C'était une pièce difficilement transportable; il fallait cependant que ce travail se fît. N'ayant avec moi aucun mécanicien, excepté un forgeron sénégalais, je dus couper cette embarcation en deux, c'est-à-dire faire sauter les rivets réunissant les diverses plaques, suivant un plan latitudinal dans les environs du centre de l'embarcation. Ceci fait, c'étaient encore deux colis de 400 kilos chacun à porter. Ce fut très dur; les indigènes, découragés, n'y mettaient pas grand enthousiasme.

Enfin, à force de patience et grâce à quelques cadeaux faits à propos, le boat rejoignait le reste des charges. Nous étions alors au 10 juillet.

Un courrier venu quelques jours auparavant m'annonçait l'arrivée d'un petit convoi à Ouadda, composé de quelques vivres. Ce n'était pas suffisant, car les perles de verre qui nous servaient à faire nos achats de vivres allaient nous manquer; il nous en restait à peine une douzaine de caisses. Que faire? Ces perles qui constituaient à peu près l'unique moyen d'échange étaient pour nous indispensables.... J'avais entendu dire qu'une des factoreries de la Société anonyme belge entrait en liquidation; peut-être trouverais-je là de quoi m'approvisionner. Mais cette factorerie, située à Banzyville, en face de Mobaye, étant distante de Krebedjé de plus de 500 kilomètres,

VOYAGE A MOBAYE.

c'était donc un millier de kilomètres à faire pour me réapprovisionner.

Comme il n'y avait pas de temps à perdre, nous nous mettons en route, le 16 juillet, Le Bihan et moi, pour Ouadda. Nous étions en pleine saison des pluies. Trempés jusqu'aux os dans nos pirogues, nous descendons la Tomi, et le 18, nous faisons la rencontre de Prins. Il remontait avec lui le reliquat de ce qu'il avait pu recueillir de nos charges en souffrance sur la route de Loango à Brazzaville, soit une centaine de colis environ composés de tissus et de quelques vivres. Il m'apprenait qu'il restait encore environ deux cents caisses derrière, qu'il ne fallait pas compter revoir, car la route était de nouveau fermée par les indigènes en révolte. Les porteurs loangos avaient abandonné leurs charges dans la brousse et s'étaient absolument refusés à recommencer le portage. Cet événement, qui se renouvelait périodiquement, était dû à une occupation insuffisante de la ligne d'étapes. Il n'y avait pas 50 hommes sur toute la route pour en assurer la sécurité. Les indigènes, pillés par les porteurs suivant les troupes armées à destination du haut fleuve, se vengeaient sur ceux qui passaient ensuite et qui étaient sans défense. Il n'y avait qu'une chose à faire pour parer à cet inconvénient : créer des postes et organiser des patrouilles avec des Européens ; mais comme on manquait d'argent, on ne faisait rien. Il fallait donc, en ce qui nous concernait, que nous nous en tirions par nos propres moyens. Heureusement, par compensation aux nouvelles peu agréables que me donnait Prins, il était porteur d'une lettre du Commissaire général, M. de Brazza, qui avait repris la direction des affaires, lettre pleine de promesses et de précieux encouragements pour moi [1].

Cette lettre, en effet, me confirmait que décidément M. de Brazza approuvait ma conduite et qu'il avait l'intention de nous venir en aide. C'était l'avenir assuré, mais le présent était là, moins agréable ; il fallait se procurer des perles. Je continuai donc mon voyage sur Mobaye.

1. Voir Note 3.

L'EMPIRE DE RABAH.

Arrivé à Ouadda, où je laissai Prins, je me rencontrai avec mon excellent ami, le docteur Cureau, désigné pour servir sous les ordres de M. Liotard, Commissaire du gouvernement dans le Haut Oubangui; il devait le remplacer le cas échéant. Nous fîmes route ensemble et arrivâmes à Mobaye le 31 juillet. La factorerie de Banzyville était bien en liquidation; je m'y approvisionnai de près de deux cents colis, principalement de perles dont une bonne moitié au moins n'avait pas cours sur la rivière, et qui me furent cédées presque pour rien. C'était la fortune. En route donc pour le retour aux Ungourras. Le 6 août, nous arrivons à Ouadda.

M. DE MOSTUEJOULS.
D'APRÈS LE « MONDE ILLUSTRÉ ».

Nous étions occupés à organiser le convoi de pirogues, quand une fumée épaisse apparaît sur le fleuve. C'était le *Faidherbe* qui, sous le commandement de M. de Mostuejouls, avait franchi les rapides et se dirigeait sur le poste. Aurais-je donc en une fois toutes les satisfactions? De Mostuejouls était le mécanicien destiné par ordre ministériel pour servir sous mes ordres et monter le vapeur. Plus de doute, c'est bien lui; il accoste, mais, cruelle déception! il n'a pas reçu l'ordre de nous rejoindre, il a tout simplement mission de porter à Liotard un pli extrêmement urgent.

Sur ce navire long de 16 mètres, outre de Mostuejouls, il y a encore deux autres mécaniciens, le second-maître Suiry et un sergent sénégalais, Demba Doucouré. Brazzaville avait bien fait les choses, trois mécaniciens pour ce petit bateau et aucun pour nous. Il est vrai qu'il s'agissait d'un pli extrêmement urgent, et ce pauvre de Mostuejouls, en prononçant les mots *extrêmement urgent*, en avait comme un tremblement dans la voix. Moi-même je le crus porteur de secrets d'État. Plus tard, je sus que ce fameux pli était tout bonnement la nomination de Gouverneur de mon ami Liotard. Récompense bien due et légitimement acquise. Mais tout de même deux mécaniciens auraient suffi pour l'annoncer. J'avoue que, jusqu'à mon dernier souffle, je ne pardonnerai jamais cette mauvaise plaisanterie à son auteur, que je ne nommerai pas ici. Qu'il me suffise de dire que

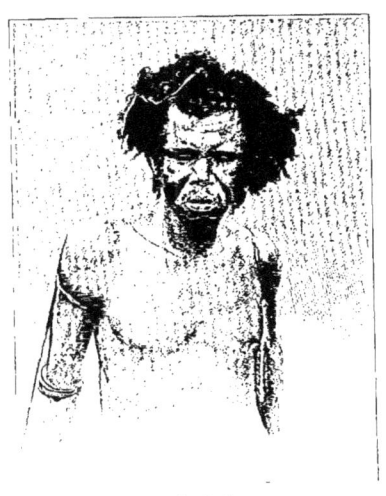

UN MANDJIA.

c'était un de mes collègues. Ainsi donc j'allais avoir à mettre en chantier un vapeur et pas de mécaniciens pour le monter.... Tant pis, je m'en passerai. Tout est prêt pour le départ. Nous nous mettons en route, et, le 29 août, nous arrivons au Camp des Ungourras avec toutes nos charges.

Pendant notre absence, Huntzbüchler n'avait pas perdu son temps. Les chefs indigènes, mis en confiance par ses bons procédés à leur égard, étaient animés de la plus grande bonne volonté. Les Kas, voisins des Ungourras, étaient venus le visiter et l'approvisionnaient régulièrement. L'un d'eux, nommé N'Guéré, tout jeune homme, très intelligent, dont la mère était une femme Mandjia, finit par donner quelques renseignements; il apprit à Huntzbüchler qu'à quelques kilomètres du poste se trouvait une route allant chez les Mandjias, mais que, pour l'atteindre, il n'y avait aucun sentier. Mon vaillant collaborateur se mit à l'œuvre de suite et entama la construction d'une piste

L'EMPIRE DE RABAH.

large de 4 mètres. N'Guéré était envoyé chez les Mandjias et revenait avec la promesse de l'un de leurs chefs nommé N'Dokoua qu'il viendrait au poste, dès que je serais de retour.

Ces bonnes nouvelles me firent grand plaisir. C'était la presque certitude d'entrer chez les Mandjias pacifiquement, et, par suite, la possibilité d'y trouver des porteurs.

N'Dokoua ne se fit pas trop attendre. Quelques jours après mon arrivée, il était au poste. Témoin de nos bons rapports avec les Ungourras, ses craintes se dissipèrent vite. Il devint causeur et nous raconta que si les Mandjias s'étaient montrés hostiles vis-à-vis de Maistre, c'était parce qu'on avait pris ses hommes pour des Arabes [1]. Il voyait bien maintenant qu'il y avait eu erreur, et dorénavant les Mandjias seraient les amis des blancs. Je profitai de ses bonnes dispositions pour l'interroger sur la rivière Nana. Je comptais me diriger sur le confluent de cette rivière avec la Kouma indiquée sur la carte de Maistre. Mais ses réponses manquèrent de netteté; il me promit néanmoins de me servir de guide. C'était l'essentiel.

Le samedi 12 septembre, ayant laissé au poste Prins et Le Bihan, nous partons en reconnaissance. Huntzbüchler m'accompagnait. N'Dokoua nous servait de guide.

La route construite par nos hommes, longue d'une douzaine de kilomètres, aboutissait à une piste assez peu frayée. Nous nous y engageons. Toujours même paysage, sauf que les borassus qui avaient presque entièrement disparu sont plus nombreux; les palmiers sauvages apparaissent. Nous atteignons une petite rivière nommée Fafa. Je crois que nous sommes dans le bassin du Tchad. Pas encore; la Fafa, grossie de la Guifa, se jette dans la Kémo.

Le lendemain, nous sommes au village de N'Dokoua; il

---

1. On s'étonnera à bon droit de trouver le mot Arabes connu par ces indigènes; ils disent en parlant des Musulmans en général *Arabi*, que nous traduisons par Arabes, mais à tort selon moi. La traduction serait plutôt *gens de Rabah* ou *Rabéh*. Ce qui me fait adopter cette hypothèse, c'est que les indigènes emploient aussi le mot *Tourgou*, corruption de Turcs, nom sous lequel Rabah désignait ses bandes.

LES MANDJIAS.

s'étend dans une plaine au fond de la vallée où coule un petit ruisseau insignifiant, dernier affluent appartenant au bassin du Congo. A 1 kilomètre plus loin, se trouve la source du premier cours d'eau faisant partie du bassin du Chari. C'est la rivière Tané qui se jette dans la Gougou.

Voilà donc un premier résultat géographique acquis et la ligne de séparation des deux bassins du Congo et du Chari (qui, par suite de renseignements inexacts fournis à Maistre, figure sur sa carte à 40 kilomètres au moins trop au Sud), définitivement déterminée. Les Mandjias, nos nouveaux hôtes, sont moins robustes d'aspect que les populations que nous avons rencontrées jusqu'ici ; leur langue aussi est complètement différente et se rapproche beaucoup de l'idiome Baya parlé dans la Sanga. Ce sont d'ailleurs les mêmes mœurs, les mêmes tatouages, les mêmes armes que dans cette dernière région. Nous restons deux jours chez N'Dokoua, qui hésite à nous accompagner plus loin. Il est vieux, ses jambes sont malades, et surtout il a une peur bleue....

Enfin, il se décide tout de même. Nous perdons beaucoup de temps à discourir à chaque village que nous rencontrons (et ils sont nombreux). D'immenses plantations de mil, de manioc les entourent. C'est partout l'abondance et la prospérité. On nous vend quatre poules moyennant une cuiller de perles, soit une valeur de 0 fr. 10. Il n'est si maigre porteur qui, le soir à l'étape, ne s'offre sa poule au pot. Quelle jouissance intense pour tout ce monde-là que de pouvoir se gaver à son aise !.. On sera misérable plus tard, cela ne fait rien, on aura eu du bon temps.... C'est ce à quoi ils pensent surtout....

Notre première étape nous conduit à une colline haute d'une trentaine de mètres au-dessus de la plaine. Le lendemain, après avoir traversé la Gougou, large de 10 mètres environ, nous finissons par atteindre une rivière large d'une douzaine de mètres. On me dit que c'est la Nana de Maistre. Son vrai nom est G'Bandela. Grossie de la Gougou, sa largeur atteint 18 mètres au confluent des deux rivières. Nous sommes par

L'EMPIRE DE RABAH.

6° 36' de latitude Nord. D'après l'itinéraire de Maistre, nous ne sommes pas loin de la rivière Kouma, qui se jetterait dans la Nana, laquelle aurait 30 mètres de largeur. Je veux m'en assurer dès le lendemain. Nous faisons une trentaine de kilomètres vers le Nord sans résultat aucun. Je commence à croire que Maistre s'est trompé et qu'il a identifié la Nana avec une autre rivière dont on nous signale l'existence dans le Nord-Ouest et qui s'appelle Nana-Bassa ou Vassa. Les indigènes deviennent plus craintifs. Personne ne veut nous accompagner plus loin. Je décide de revenir sur nos pas et de nous installer au confluent de la Nana et de la Gougou. On reconnaîtrait la rivière plus tard, et, si elle était saine, on y lancerait la coque du vapeur.

Nous étions au 21 septembre. Près de dix-huit mois déjà s'étaient écoulés depuis notre départ de France et nous étions à peine à pied d'œuvre....

Encore une fois, il fallait recommencer la fastidieuse installation d'un poste, constituer des convois de porteurs, refaire cinq et six fois la même route pour surveiller les convois.

Ah! certes, ce fut bien là la partie la plus ingrate, la plus rebutante, la plus pénible de toute notre campagne. Jamais las, mes vaillants compagnons se prêtèrent sans murmurer à toutes les situations. Sans vivres européens ou à peu près, couchant à la belle étoile, sous la pluie battante ou sous un soleil de feu, ils se chargèrent de tous les convois, recrutant les porteurs, constituant les caravanes, veillant sur les charges. Ils durent parcourir cinq et six fois le même trajet.... Ils avaient pour les soutenir la foi dans le succès, qui pas un instant ne nous abandonna. Une camaraderie complète ne contribuait pas peu à maintenir les bonnes dispositions de tous et si j'ai quelque part en moi-même un sentiment de satisfaction intime et profond, c'est non pas l'orgueil du succès qui le cause, mais la joie de me dire que si nous sommes arrivés à nos fins, c'est principalement à cette bonne entente entre nous que nous le devons. Nous étions donc au 21 septembre 1896. Huntzbüchler regagnait le

FONDATION D'UN POSTE.

LA NANA. — ENDROIT OÙ A ÉTÉ LANCÉ LE « LÉON-BLOT ».

Camp des Ungourras et moi je m'occupais de la construction du nouveau poste. Nos hommes étaient arrivés à une telle habileté dans l'édification des cases que deux jours suffisaient pour avoir une petite maisonnette en clayonnage et torchis recouverte de paille, dont le sol était soigneusement damé. Ils en ont tellement construit de ces cases, les malheureux....

En quinze jours, le camp était à peu près terminé ; il se composait de six petites maisons pour Européens, d'un grand magasin et d'un vaste hangar pour abriter les miliciens. Les convois pouvaient arriver ; ils ne tardèrent pas, du reste. Successivement Prins, Le Bihan, puis Huntzbüchler nous amènent des charges en grand nombre. Ce dernier, légèrement fatigué, me remplace au poste et je retourne aux Ungourras, où j'arrive le 15. Le 20, je recevais un courrier de Ouadda m'annonçant l'arrivée d'un agent, M. Joulia[1], avec 15 miliciens sénégalais provenant du Haut Oubangui. Le 25, il était au poste.

---

1. M. de Brazza avait donné l'ordre à M. Liotard de mettre à ma disposition tous les miliciens du Congo en service dans l'Oubangui, ainsi que deux agents européens, MM. Bobichon et Joulia. L'exécution immédiate de cet ordre n'aurait pas laissé de causer de sérieux ennuis à Liotard. Aussi me contentai-je de lui réclamer un agent et 15 hommes provisoirement.

L'EMPIRE DE RABAH.

Ce léger renfort était juste suffisant pour remplacer nos malades ou indisponibles, car M. Le Bihan, dont l'état de santé laissait à désirer, rentrait en France, et une douzaine d'hommes étaient malades ou morts.

Nous allons, Joulia et moi, nous installer à Nana et Huntzbüchler revient aux Ungourras avec Prins. Nous commençons l'établissement des ateliers à bois et à fer et d'une cale de construction couverte. Tout cela est vivement terminé. Il s'agit maintenant de mettre le *Léon-Blot* en chantier.... J'ai tous les plans nécessaires, mais ni charpentier de métier, ni mécanicien. Mon personnel ouvrier se compose d'un Sierra-Léonais nommé John Sliver, employé auparavant à la maison hollandaise à Brazzaville comme graisseur sur l'un de ses vapeurs, d'un forgeron sénégalais nommé Samba Diara, et de deux Sénégalais, anciens chauffeurs à bord d'un des bâtiments de la station locale du Sénégal. Le charpentier se nomme John Tou ; il est tout juste capable d'équarrir un tronc d'arbre, et encore suit-il religieusement toutes les courbes de l'arbre. Je réunis tout ce personnel qui, dès le lendemain, se met à l'œuvre. Le malheureux boat, coupé en deux à Krebedjé, est remonté par mes soins avec des boulons et nous nous attelons au rivetage. Quel massacre ! que de coups de marteau inutiles ! Je ris, je me fâche, je rosse mes apprentis.... Bref, en trois jours la besogne est faite, l'embarcation est mise à l'eau : elle est étanche. C'est un succès, mais à quel prix ! la coque est toute bosselée sur la ligne des rivets. Enfin, tant pis, nous avons une embarcation à flot qui va permettre de reconnaître la rivière. Au grand bateau, maintenant. C'est au tour du charpentier qui doit faire un vrai travail d'art. La coque doit reposer sur une courbe en bois épousant exactement les formes du navire, laquelle courbe doit être chevillée sur des piliers enfoncés dans le sol. Que de peine pour arriver à un résultat ! Enfin il est atteint, et John Tou, qui jusqu'ici a été incapable de faire convenablement une caisse, se révèle un maître. Il est vrai que je ne l'ai pas quitté une seule minute pendant toute la durée du travail.... Tout est prêt pour

LES CHUTES DE LA NANA.

MONTAGE DU VAPEUR.

commencer le montage du *Léon-Blot*. Je me passionne pour cette tâche. Les plaques de tôle sont amenées sur le chantier; on les boulonne l'une avec l'autre; les couples se dressent. Un forgeron Mandjia est embauché et nous prête son concours.

Pendant que je fais le métier d'ingénieur et d'ouvrier, Huntzbüchler s'occupe des convois; ils fonctionnent très bien. Aussi je décide de l'envoyer avec le jeune Prins reconnaître la rivière. Le chef Mandjia Makourou, qui est devenu notre ami, me donne des renseignements qui ne laissent pas que de m'inquiéter : il y aurait, à deux jours de marche du camp, des rapides infranchissables. Il était indispensable de s'assurer de la véracité de ce fait.

Le 23 novembre, Huntzbüchler, Prins et une vingtaine d'hommes s'embarquent dans le boat et redescendent la rivière. Je reçois d'eux de fréquentes communications. La rivière est barrée par des pêcheries qu'il faut couper; les troncs d'arbres tombés gênent beaucoup la navigation. Il faut travailler pendant dix jours pour trouver un passage de 4 mètres de large. Les indigènes les aident dans leurs travaux. Enfin la rivière devient plus belle; les rives ne sont plus habitées, plus de pêcheries par conséquent; tout d'un coup ils débouchent sur des rapides où ils manquent d'être entraînés mais qui, heureusement, ne s'étendent pas sur un long espace. Pendant 8 kilomètres environ, c'est une succession de cascades, de chutes.

Trois d'entre elles sont surtout merveilleuses : l'eau coule de roche en roche sur une largeur de plus de 50 mètres et sur une hauteur de plus de 10 mètres. C'est un château d'eau naturel de toute beauté. Il ne fallait pas songer à s'aventurer dans ces dangereux parages. Aussi, après avoir reconnu la longueur des chutes en suivant les berges, nos hommes se décident, dès qu'ils aperçoivent un bief navigable, à transporter leur bateau par terre sur les 8 kilomètres qui séparaient les deux zones saines de la rivière. En une demi-journée, c'est chose faite, le boat est remis à l'eau; il y a bien encore par ci, par là, quelques endroits dangereux, mais, somme toute, on peut passer. Ils ne tardent pas à rencontrer une autre rivière un peu plus importante que la Nana et qui, grossie de cet affluent, atteint une trentaine de mètres de largeur. Elle paraît profonde. Le vapeur pourra y naviguer. Ils la reconnaissent pendant quelques kilomètres et décident de revenir. Le 8 décembre, ils étaient de retour. Huntzbüchler m'assurait qu'en nettoyant soigneusement la rivière, le *Léon-Blot* passerait aisément. Un point seul restait pour moi dans l'ombre. Ce cours d'eau dans lequel se jetait la Nana s'appelait Guiroungou, d'après les indigènes. Mais Guiroungou voulait dire simplement « grande eau ». Était-ce le Gribingui? Si oui, nous l'aurions donc trouvé à une soixantaine de kilomètres en amont de l'endroit où Maistre l'avait traversé. La rivière Nana, coupée une première fois par ce voyageur, n'était donc pas la même que celle qu'il avait reconnue près du village de Yagoussou. Quelques jours après, mes doutes cessèrent; le Guiroungou était bien le Gribingui, et on me dit que le village de Yagoussou était situé à deux jours de marche dans le Nord à partir des chutes, et que la rivière (identifiée à tort avec la Nana) qui se jetait dans le Gribingui près de Yagoussou s'appelait Vassa. Peu importe d'ailleurs, car cette hypothèse inexacte du voyageur qui m'avait précédé me faisait gagner trois jours de marche environ. Tout était donc pour le mieux; il n'y avait plus qu'à

L'INTERPRÈTE AHMED.
PHOTOGRAPHIE PIROU, BOULEVARD SAINT-GERMAIN.

MONTAGE DU VAPEUR.

NOTRE VAPEUR LE « LÉON-BLOT »

travailler d'arrache-pied au bateau. Quatre équipes de riveurs, qui avaient fini par se tirer de leur tâche à mon entière satisfaction, s'y employèrent à qui mieux mieux.

Pendant que ce travail s'effectuait, M. Joulia, envoyé à Ouadda, m'annonçait son retour fin janvier avec M. de Mostuejouls enfin arrivé et un interprète arabe, Ahmed ben Medjkane, l'ancien compagnon de Mizon. On me donnait de plus l'espoir qu'un détachement important de Sénégalais avec deux agents européens ne tarderait pas à nous rejoindre. Toutes ces bonnes nouvelles nous donnèrent une nouvelle ardeur, et la besogne avança si bien que le 25 janvier la coque était terminée et le bateau était mis à l'eau. Quelle fête pour nous tous !...

Il est temps que je donne maintenant quelques détails sur ce navire qui devait nous conduire au Tchad.

Léon Blot était le nom du malheureux ami qui m'avait affirmé qu'il irait au Tchad et que la mort atteignit pendant qu'il essayait avec M. de Brazza de mettre son projet à exécution. Je ne voulais pas qu'il eût un démenti et, puisqu'il n'avait pas pu de sa personne réaliser son rêve, du moins un bateau portant son nom naviguerait sur le lac mystérieux.... C'est ainsi que fut baptisé le *Léon-Blot.*

Construit par les Ateliers et Chantiers de la Loire à Saint-Denis, il était long de 18 mètres et large au fort de 4. Son creux était de 1 mètre. Son tirant d'eau de 0^m,40 lège. Chaque poids de 600 kilos embarqué le faisait caler 1 centimètre de plus. Il était mû par une machine de 60 chevaux actionnant une hélice sous voûte ; la vapeur était fournie par une chaudière du Temple. Le navire, une fois rivé, pouvait se séparer en sept parties qu'on n'avait qu'à réunir avec des boulons traversant les couples de jonction. Une bande de caoutchouc trouée pour laisser passer les boulons était interposée entre chaque tranche et assurait l'étanchéité de la coque.

Dans cette petite rivière, le navire paraissait immense. Je me décidai à en faire trois radeaux séparés. Je fus obligé pour cela de boulonner deux cloisons en acier à deux de ces radeaux pour leur permettre de naviguer. Ce dernier travail ne prit pas grand temps, et, le 29 janvier, Huntzbüchler opérait sa descente de la Nana dans les trois radeaux.

Le 1er février, arrivait M. de Mostuejouls avec une des deux baleinières que m'annonçait M. de Brazza ; la seconde ne nous parvint jamais. J'éprouvai un réel plaisir à revoir ce serviteur si modeste et si dévoué, dont le concours m'avait été si précieux dans le passé et qui le fut bien plus encore dans la suite. Lui et Ahmed, c'étaient deux précieuses recrues.

Nous mettons en ordre tout le matériel et, ayant reçu avis de Huntzbüchler qu'il avait heureusement atteint les chutes avec le *Léon-Blot,* qu'il avait commencé l'édification d'un camp en aval, vers lequel il faisait transporter les tranches détachées du vapeur, nous nous mettons en route, de Mostuejouls et moi, pour le rejoindre. Le 20 février, nous étions au nouveau camp que l'on baptisa Nana B.

Il fallut refaire de nouveaux chantiers, construire d'autres abris, remettre la coque sur cale, procéder au montage de la

VUE DU POSTE DE GRIRINGUI.

ESSAIS DU LÉON-BLOT.

CHEFS N'GAOS.

machine et de la chaudière, et enfin monter à côté la deuxième baleinière en acier.

Grâce au dévouement et à l'activité de Mostuejouls, nous pûmes rapidement commencer ces travaux, et en avril, le *Léon-Blot* faisait ses essais. Mais de nouveau, la faiblesse des moyens mis à notre disposition se faisait sentir. Installés au poste de Nana B, nous manquions de tout. Il fallut encore organiser un convoi et renvoyer M. Prins à Ouadda dans l'espérance que les subsides promis par M. de Brazza étaient arrivés.

Notre agent exécuta promptement sa mission ; il eut le bonheur de trouver à Ouadda M. Fredon. qui nous amenait 30 Sénégalais et en annonçait 30 autres par prochain vapeur. Il avait de plus une quantité appréciable de perles, du vin et une bonne partie de notre matériel laissé en souffrance sur la route de Loango.

Le capitaine Marchand, avec qui Prins se rencontra également

L'EMPIRE DE RABAH.

à Ouadda, sachant nos besoins, mit spontanément à ma disposition 800 thalers de Marie-Thérèse.

C'est à ce brillant officier que nous devions également de rentrer en possession de nos charges. On sait en effet qu'avant d'accomplir sa splendide traversée de l'Afrique, il avait passé plusieurs mois à pacifier la région de Comba à Brazzaville et avait réussi à retrouver près de 12 000 colis en souffrance qui, sans lui, auraient été perdus.

Tout le monde en France a apprécié la belle œuvre de Marchand. — Il m'appartient à moi, qui suis son obligé, de lui apporter, en plus de mon admiration, le tribut de ma profonde reconnaissance.

Pendant l'absence de Prins, nous fûmes informés par les N'Gaos, nouvelle peuplade avec laquelle nous venions d'entrer en relation, que les musulmans de Senoussi se préparaient à nous attaquer. On dut fortifier le camp et prendre toutes les précautions pour éviter une surprise.

L'arrivée de Prins et de Fredon nous tira d'inquiétude, et nous pûmes choisir la place d'une station définitive. L'endroit le plus convenable était situé à 7 kilomètres dans le Nord-Est de Nana B, au pied d'une colline rocheuse, haute de 86 mètres presque à pic.

On se mit avec ardeur au travail : on fortifia ; on construisit des maisons d'habitation, un camp pour les soldats ; un jardin potager fut tracé.

En juillet, nouvelle alerte qui nous immobilisa encore plus d'un mois. Mais cette perte de temps nous permit de prendre enfin contact avec les musulmans de Senoussi.

Ayant appris notre présence dans le pays, ils s'étaient avancés jusqu'à deux jours et demi de marche de la station Gribingui, et, ignorant nos intentions, se méfiant de représailles au sujet du meurtre de Crampel, ils s'étaient, eux aussi, solidement retranchés au village de Yani Mandji.

C'est de cet endroit, qu'ils nous envoyèrent deux émissaires escortés d'une trentaine de soldats. L'un, nommé El Hadj

RELATIONS AVEC SENOUSSI.

Tekour, était un Haoussa ayant accompli plusieurs pèlerinages à la Mecque, et l'autre un Tripolitain presque blanc nommé Salah. Ils étaient porteurs d'une lettre exprimant, au milieu des compliments de bienvenue, l'appréhension d'hostilités de notre part. De l'affaire Crampel pas un mot. Ils nous amenaient quelques chevaux, des ânes et des bœufs porteurs, moitié en cadeaux, moitié pour les vendre.

Je répondis à ce message par une lettre dans laquelle j'exprimais nos intentions pacifiques, et notre désir d'entrer en relations commerciales avec les musulmans. Dans ces circonstances, il fallait nous armer de patience et nous résigner à ne pas bouger.

La faiblesse de nos effectifs ne nous permettait pas en effet de nous lancer sur le Chari en laissant derrière nous des agents et des troupes en trop petit nombre pour être en sécurité, et si l'on songe que le poste du Gribingui était situé à 300 kilomètres de tout autre point occupé par nos soldats, on se rendra compte aisément du sentiment qui me guidait. Profitant des chevaux nouvellement acquis, M. Fredon, avec quelques hommes, partit pour Ouadda en courrier rapide. Malheureusement les pluies torrentielles, qui tombaient depuis quinze jours, rendirent la route fort pénible. Il mit un mois pour revenir après avoir crevé trois chevaux. Mais il nous apportait une bonne nouvelle, l'arrivée prochaine de M. de Rovira avec 35 hommes de renfort et des caisses de perles.

III

Arrivée de renforts. — En route pour le Tchad. — Descente du Gribingui et du Chari. — Mon voyage à Masségnia. — Ma réception chez Gaourang. — Séjour au Baguirmi. — Arrivée au Tchad. — Notre but est atteint.

Vers la fin de notre séjour à Gribingui, les envoyés de Senoussi revinrent. Les relations s'établissaient cordiales. Malheureusement en retournant chez lui le Tripolitain Salah fut assassiné et ses bagages pillés, à une journée de marche du poste, par les païens Tambacos.

Cet événement qui aurait pu être gros de conséquences, car il fut un moment considéré comme les représailles du meurtre de Crampel, n'eut heureusement pas de suites fâcheuses pour nous ; les gens de Senoussi se rendirent assez vite compte que nous n'étions pas les instigateurs de ce crime, d'autant que je m'offris à servir d'intermédiaire entre eux et les païens, pour rentrer en possession des objets volés.

Tout ennui semblant ainsi écarté, nous n'avions plus qu'à attendre l'arrivée de Rovira pour effectuer notre descente du fleuve. Le 20 août, à neuf heures du soir, il arrivait au poste.

Le lendemain, laissant à Gribingui une garnison de quatre-vingt-huit fusils et des auxiliaires, nous appareillons pour nous diriger vers le Tchad en effectuant la descente du Gribingui, puis du Chari [1].

Les eaux très hautes avaient une crue de plus de 6 mètres et

---

1. Les Européens embarqués sur le *Léon-Blot* étaient au nombre de trois : MM. Huntzbüchler, de Mostuejouls et moi ; l'interprète arabe Ahmed nous accompagnait, l'équipage se composait de cinquante hommes et quatre domestiques. En tout cinquante-huit fusils.

UN HOMME DE SENOUSSI ET SON GRIOT.

RETOUR D'ENVOYÉS DE SENOUSSI.

BARRAGE DE ROCHES DU GRIBINGUI.

atteignaient les branches des arbres surplombant la rivière, de sorte qu'à certains endroits nous naviguions dans des passages ayant à peine une dizaine de mètres de largeur. Nous étions obligés de nous servir de perches, pour éviter que les montants de la toiture du *Léon-Blot* ne se démolissent contre les arbres. Cette navigation pénible durait depuis quelques heures, quand nous fîmes la rencontre d'envoyés de Senoussi, amenant un fort troupeau de bestiaux et demandant l'autorisation d'aller châtier les meurtriers de Salah. Peu désireux de voir, à proximité du poste les bandes de chasseurs d'esclaves, je fis comprendre aux envoyés que le moment était inopportun d'entamer une opération militaire, qu'il valait mieux attendre, pour punir les criminels, notre retour du Tchad, qui coïnciderait avec la saison sèche.

D'autre part, connaissant les rapports intimes existant entre Senoussi et Rabah [1], je leur donnai à entendre que notre désir était d'entrer en relations avec ce dernier. Les envoyés parurent enchantés de mes réponses et se disposèrent à nous quitter.

1. Vers l'année 1889, Rabah, ayant soumis Senoussi, fit épouser à son fils Fad-el-Allah la fille de son vassal, nommée Hadjia.

L'EMPIRE DE RABAH.

C'est alors que l'idée me vint d'essayer de connaître la situation exacte des forces de Senoussi. Ayant communiqué mes intentions à M. Prins, cet agent s'offrit spontanément pour accomplir cette dangereuse mission.

Craignant que l'appât des fusils d'une nombreuse escorte ne tentât trop fortement Senoussi, j'imposai à M. Prins l'obligation de n'emmener avec lui que deux Sénégalais, et je demandai par lettre à Senoussi de lui fournir une cinquantaine de soldats pour assurer sa sécurité le long de la route.

M. Fredon, qui en mon absence commandait au Gribingui, fut mis au courant de mes intentions. Je lui recommandai de n'envoyer Prins que lorsque Senoussi aurait aussi un représentant au poste. Ceci réglé, les envoyés de Senoussi se mirent en route pour regagner leur pays. Quant à nous, nous poursuivions notre voyage toujours pénible et lent.

La rivière s'élargit de plus en plus ; mais pas assez cependant pour que nous puissions prendre les boats à la remorque. Les rives sont inondées, on n'aperçoit que quelques rares habitants. Le paysage peu varié n'offre que des plaines immenses, avec çà et là quelques arbres. Quant aux berges elles-mêmes, elles sont boisées sur une dizaine de mètres d'épaisseur.

De nombreuses pêcheries, installées sur la rivière, témoignent que la région est très peuplée, mais la pluie qui tombe et les inondations s'opposent sans doute à ce que nous voyions du monde.

Pendant deux jours encore, nous naviguons dans les mêmes conditions : la rivière atteint cinquante mètres de largeur et, sauf à de rares tournants, nous pourrions marcher à toute vitesse.

Enfin le 28 août, nous pouvons prendre nos embarcations à couple et marcher à 250 tours. Les vivres que nous avions emportés commençaient à manquer. Heureusement nous rencontrons sur les rives très élevées deux indigènes surpris par la pluie, que nous réussissons à faire approcher. On leur donne quelques petits cadeaux.

Mais ces gens parlent une langue différente de celle que nous

ARRIVÉE D'UNE CARAVANE DE SENOUSSI.

GRIBINGUI ET CHARI.

VUE DU CHARI.

avions entendue jusqu'à ce jour. On dut remplacer la parole par le geste et on finit par s'entendre. Ces indigènes, que nous sûmes plus tard être des Alitous, parlent un dialecte sara. Ils portent le classique costume décrit par Nachtigal et Maistre, c'est-à-dire un tablier de cuir par derrière. Nous nous approvisionnons de quelques vivres et nous repartons. Le paysage change, les rives sont élevées et en maints endroits des collines boisées à pic succèdent aux falaises rougeâtres et aux berges caillouteuses.

Le Gribingui, augmenté par l'apport de quelques affluents assez importants, commence à devenir une voie très navigable. Il atteint en certains points 60 et 70 mètres ; toutefois, en trois endroits, on aperçoit des remous inquiétants, paraissant provenir de roches. On peut prévoir que ces passages seront dangereux lors du retour quand les eaux auront baissé. Nous passons néanmoins sans encombre, et le 30 août, à 3 heures de l'après-midi, après avoir franchi une zone un peu plus étroite dans la rivière, nous débouchons sur un grand cours d'eau de plus de 100 mètres de largeur. C'est le Ba-Mingui ou Bahr-El-Abiod, ou plutôt le Chari.

Depuis la veille, nous naviguions dans des régions vierges de tout passage d'Européens. Pas un être vivant sur les rives. Un silence majestueux régnait autour de nous, qui fut troublé seulement par les marques de joie que tous, Sénégalais et Européens, ne purent s'empêcher de témoigner.

Le Gribingui n'était donc qu'un affluent du Ba-Mingui, lequel formait bien réellement le cours supérieur du Chari. Nous avions atteint 8° 35′ en latitude.

Nous séjournons quelque temps au confluent des deux cours d'eau. J'en profitai pour mesurer la largeur du fleuve, qui était de plus de 180 mètres. Nous aurions bien voulu rester là quelque temps, mais nous étions sans vivres. On distribua ce jour-là une boîte de sardines pour quatre hommes. Une tentative faite pour essayer de découvrir un village réussit, mais les indigènes effrayés s'enfuirent.

Je n'avais pas de temps à perdre pour essayer de les attirer, car les nouvelles que j'avais reçues me faisaient prévoir que le capitaine Casemajou, reprenant l'itinéraire de Monteil, devait être rendu au Tchad fin août, commencement de septembre.

Nous appareillons donc. Toujours même silence. Les rives élevées et rocheuses, très boisées, ne semblent être hantées que par des animaux sauvages. C'était un spectacle admirable et une sensation exquise que de voguer sur ce fleuve encore mystérieux. Cependant une réalité brutale nous gâtait une partie de notre plaisir : nous allions avoir à compter bientôt avec la faim et cela n'était pas sans nous causer de très vives appréhensions. Après avoir noté deux affluents importants[1], le 1er septembre, à 10 heures du matin, nous apercevons sur la rive gauche une plantation de mil. Nous nous approchons ; ceux qui la surveillent se sauvent d'abord, puis finissent par s'amadouer.

1. Le Bangoran et le Ba Karé ou Aouauk.

CONFLUENT DU GRIBINGUI ET DU CHARI.

LES KABA-BODOS.

KABA-BODO. — TYPES D'INDIGÈNES DU CHARI.

Bientôt ils viennent nous vendre du mil et des giraumons. Nous descendons un peu plus bas pour camper. Nous sommes chez les Kaba-Bodos. Le village de Mandjatezzé, où Maistre s'est arrêté, est situé à trois journées de marche dans le Sud. Les hommes sont vêtus du classique tablier de cuir. Quant aux femmes, la plupart sont nues. Quelques-unes ont une espèce de pagne en corde tressée, ou des colliers en perles de fer qui ne les voilent qu'imparfaitement.

Ces indigènes, qui possèdent des chevaux, des moutons et des chèvres, sont surtout pêcheurs. Ils nous vendent du poisson fumé à des prix très modiques ; leurs pirogues sont petites, larges de $0^m,60$, longues de 5 mètres au maximum. Ils ont

L'EMPIRE DE RABAH.

LE CHEF DE BOUSSO.

comme ornements des bracelets de cuivre coulé, dénotant de leur part un certain sens artistique.

Nos provisions faites, nous partons. Le fleuve s'agrandit et atteint 200 à 300 mètres ; des îles nombreuses se montrent. Le pays est très peuplé, des villages se dressent sur les rives ou sur les îles, la population entière semble s'être donné rendez-vous sur les berges, pour contempler le vapeur, cette chose qui marche toute seule. Aucun d'eux n'a l'air étonné. Le sifflet seul de la chaudière les émeut. Sans doute la facilité qu'ils ont à se dissimuler dans les îles d'inondation les rassure. Bientôt une nouvelle zone inhabitée se présente à nos yeux. Nous naviguons au milieu des îles, sans distinguer les deux rives du fleuve.

Nous traversons rapidement le pays des Tounias, où nous nous approvisionnons de chèvres et de poules, et le 3 septembre nous nous engageons de nouveau dans une zone déserte. Là encore on

LES TOUNIAS.

VILLAGE DE BALEIGNÉRÉ.

sent le besoin qu'éprouvent tous les indigènes de se séparer les uns des autres par de vastes espaces qui, en empêchant le contact immédiat, les mettent à l'abri des incursions de leurs voisins.

Après avoir passé plus d'une heure à manœuvrer au milieu d'un fouillis d'îles, nous finissons par apercevoir, sur la rive droite, deux grands villages et des plantations. Les indigènes sont en émoi, et nous font signe de nous retirer.

Ne voulant pas effrayer ces gens, nous allons mouiller deux milles plus bas. Ainsi que je le prévoyais, les indigènes ne tardent pas à venir. Ils ont des chevaux et quelques-uns sont habillés de boubous musulmans. Aucun n'est complètement nu. Nous sommes chez les Nyellim, les premiers païens soumis au Baguirmi. Le frère du chef[1] parle quelques mots d'arabe. Nous le décidons à nous accompagner, mais il refuse au moment déci-

1. Nommé Gaye.

sif. Jadis très puissante, l'agglomération des Nyellim tenait toute la région sous son joug. Aujourd'hui très déchus, une partie d'entre eux sont soumis aux Bouas, groupement païen très considérable, pouvant disposer de plus de mille cavaliers en cas de guerre et payant lui-même tribut au Baguirmi.

L'autre groupe des Nyellim, encore nombreux, s'est retiré sur la rive gauche et habite des montagnes rocheuses où ils sont inattaquables. Les Bouas ont essayé à maintes reprises, mais sans succès, de les vaincre. Nous arrivons chez eux le lendemain ; leur chef se nomme Togbao. Nous y rencontrons quelques Baguirmiens qui viennent nous souhaiter la bienvenue. Nous échangeons des cadeaux, mais le sentiment général est la méfiance. Les rives rocheuses ne nous procurent pas de bois ; nous en achetons à grand'peine et de mauvaise qualité. Nous avions atteint 9°30'.

Pendant deux jours encore, nous voguons parmi les tribus païennes, très denses, très nombreuses. Nous traversons le pays des Miltous, des Bouas, des Sarouas, et le 7 septembre nous mouillons au village de Bousso, au cœur du Baguirmi.

On est tout à fait étonné en voyant combien rapidement s'exerce l'action musulmane parmi les peuplades païennes. Il y a cinquante ans à peine, les Bousso n'étaient pas supérieurs aux autres païens que nous venions de rencontrer. Aujourd'hui, tous vêtus, ayant le sentiment d'une hiérarchie, d'une autorité, tout ce peuple semblait avoir derrière lui des siècles de civilisation. Ils vivaient dans la barbarie, ils sont maintenant en plein Moyen âge et cinquante ans à peine ont suffi pour faire franchir à ces primitifs une telle étape. Grâce à Ahmed, l'accueil, d'hostile qu'il était au début, devint bientôt meilleur. Toutefois nous ne réussîmes pas à faire porter un message au sultan du Baguirmi, dont la résidence était située à cinq jours de marche de là. Force donc nous fut de reprendre notre route.

Les rives du Chari, assez élevées, sont très peuplées. Nous laissons successivement derrière nous les grands centres de Laffana et de Maffaling et le village moins important de Baïn-

TYPES DE NYELLIM.

LE BAGUIRMI.

hanné, où nous nous arrêtons, pour demander s'il serait possible d'envoyer une lettre au sultan. On nous répond que les villes de Bousso, Maffaling et Mondo jouissent seules du privilège de fournir des courriers pour le sultan. Nous cherchons à obtenir des détails sur le voyage de Nachtigal, qui a franchi le Chari en cet endroit ; on nous répond que nous sommes les premiers Européens qu'on voit dans la région, que tout le pays est terrorisé par la vue de « notre maison qui marche sur l'eau ». Certains même disent qu'ils nous ont vus descendre du ciel après un orage très violent…

Bien que la partie intelligente de la population ait entendu parler des vapeurs par ceux d'entre eux qui ont accompli le pèlerinage de la Mecque, on s'imagine aisément que l'impression produite par notre arrivée si soudaine ait été plutôt de la crainte. D'où venions-nous ? Où allions-nous ? Venions-nous en amis du Baguirmi ou de Rabah ? Autant de mystères pour tous ces gens.

Nous quittons bien vite Baïnhanné et, en passant à Mondo, région commandée par Souleyman, beau-frère du sultan, nous avons la bonne fortune de trouver un esclave de ce chef, qui veut bien se charger d'une lettre pour le sultan Gaourang. Ne voulant pas attendre la réponse à cet endroit, nous continuons notre route dans l'intention de nous rapprocher du Tchad. Mais en arrivant en face de Baleignéré, nous sommes invités par une délégation des notables de l'endroit à ne pas dépasser ce point, et à y attendre une réponse du sultan. J'en profite pour confier une nouvelle lettre à un de mes Sénégalais les plus intelligents, nommé Boubakar, avec ordre de la porter à Massénia.

Nous séjournons douze jours au même endroit sans recevoir la moindre nouvelle. Très bien reçus néanmoins par les gens du pays, dont beaucoup parlent arabe, nous passons nos journées à nous documenter sur le pays. Des informations ainsi obtenues, il résulte que le pays du Baguirmi, à peine relevé de la guerre soutenue en 1870 contre le Ouadaï, a eu à subir, du fait du passage de Rabah, un choc formidable dont l'effet se fait encore sentir. Le voisinage immédiat de ce flibustier, installé dans le Bornou, étant une menace continuelle pour le Baguirmi, je compris que si nous parvenions à vaincre la méfiance de tous ces gens contre les chrétiens l'occasion serait bonne pour traiter : il suffisait de leur faire entrevoir, avant toutes choses, la communauté d'intérêts existant entre eux et nous.

Je reçus enfin une réponse à ma lettre, réponse assez insignifiante ; mais, chose essentielle, Boubakar revenait accompagné de trois envoyés de l'entourage intime du sultan et ravi de l'accueil qu'on lui avait fait.

Le premier envoyé, dont le titre est *gardaba*, était le troisième personnage de la cour. Le deuxième était l'imam du sultan, un Foulbé, jeune encore, remarquablement intelligent, nommé Mallem-Abou-Bakar. Le troisième était un esclave de confiance nommé Mohammed-Fezzani, qui avait accompli plusieurs voyages en Tripolitaine. De l'entretien que nous eûmes avec ces gens, il résultait que le sultan du Baguirmi, Mohammed-Abd'Er-Rhaman-Gaourang, serait très heureux de voir le chef des chrétiens ; mais que, pour calmer des suspicions très légitimes, il valait mieux, pour nous, regagner Bousso, d'où un des agents européens, ou moi-même, pourrait se diriger sur Massénia.

Nous apprenions, d'autre part, que le véritable meurtrier de Crampel était Rabah, et que c'était en grande partie aux 300 fusils enlevés à notre malheureux compatriote que cet aventurier devait ses succès dans le Centre Africain. M'étant informé de l'attitude du Ouadaï à la suite de notre arrivée, on me donna à entendre qu'on supportait avec peine le tribut imposé par le Ouadaï, et que si plus tard on trouvait une occasion, on ne manquerait pas de refuser de le payer. En somme, ce que je voyais me faisait plutôt concevoir de la sympathie pour cet héroïque pays qui, malgré la supériorité des armes, avait réussi à maintenir son indépendance contre Rabah, et qui n'avait qu'un désir, prendre un jour sa revanche.

D'autre part, le Baguirmi étant situé dans notre sphère d'influence, il y avait tout intérêt pour nous à nous allier avec ce

LE BAGUIRMI.

VILLAGE BAGUIRMIEN.

pays. C'est pourquoi j'eus de suite l'envie de me rencontrer avec le sultan Gaourang.

Comme il m'était particulièrement désagréable de revenir en arrière, je déclarai aux envoyés qu'il était bien préférable, pour la prompte solution des négociations que nous allions ouvrir, de descendre le fleuve jusqu'aux environs de Bougoman et de nous rapprocher le plus possible de Massénia par la voie du Bahr-Erguieg. Ils approuvèrent ma résolution et se félicitèrent de mon projet d'aller voir Gaourang.

Le Bahr-Erguieg, qui veut dire « rivière étroite », est improprement appelé Batschikam par Barth, qui n'a d'ailleurs fait que le traverser. C'est un bras du Chari qui prend naissance en face de Miltou pour se terminer près de Bougoman. Après une navigation très pénible de cinq jours dans le Bahr-Erguieg, tout encombré d'herbes, nous atteignons Madjé. Nous étions ainsi a une vingtaine de kilomètres de Massénia, par 11° 22' de latitude.

L'EMPIRE DE RABAH.

Les envoyés étaient retournés à Massénia. Pour répondre aux cadeaux que j'avais reçus du sultan, je leur en donnai d'autres, et je leur remis une lettre pour le prévenir de mon arrivée prochaine.

Très bien accueillis à Madjé, nous attendons en ce point les messagers du sultan qui viennent nous chercher deux jours après.

Je pars avec Ahmed et cinq ou six Sénégalais. On nous donne des chevaux. Mais au lieu de nous faire franchir d'une seule traite la distance de Madjé à Massénia, on nous fait coucher au village arabe de Blanc. Le chef Youssef nous apporte du lait frais, du lait caillé et du beurre, tant que nous en pouvons souhaiter. Le lendemain de bonne heure, nous nous mettons en route. Nous sommes bientôt rejoints par une magnifique escorte de cavaliers aux vêtements de soie, montés sur de beaux chevaux richement harnachés, l'escorte augmente à mesure que nous nous rapprochons de Massénia. Nous nous arrêtons au milieu d'une grande plaine et tout ce monde exécute devant nous une brillante fantasia.

Nous arrivons enfin devant les remparts de Massénia, en partie détruits par les Ouadaïens en 1870. Ce qu'il en reste prouve l'importance qu'avait Massénia au temps de Barth. Les murailles, construites en briques sèches, n'ont pu être démolies par les Ouadaïens que grâce aux mines qu'ils avaient pu faire placer secrètement par des traîtres. Avant de pénétrer dans Massénia, les cavaliers se rangent derrière nous. Les fusiliers de la garde du sultan sortent de la ville et viennent défiler devant nous en agitant leurs armes et en chantant sur un rythme bizarre : « *La Allah illa Allah Mohammed ressoul Allah.* » Après cette brillante manifestation, on nous invite à pénétrer dans la ville. J'avoue avoir éprouvé un peu de désillusion. Massénia ressemble plutôt à un immense campement qu'à une capitale ; les maisons sont bien moins jolies et moins bien construites qu'à Maïnheffa ou à Baleignéré. On dirait quelque chose de provisoire. Comme je faisais part de mon étonnement à quelques personnages qui

AU MARCHÉ DE MADJÉ, LES FEMMES SONT ASSISES DEVANT LEURS CALEBASSES PLEINES DE GRAINS.

A MASSÉNIA.

ENTRÉE DU PALAIS DU SULTAN GAOURANG, À MASSÉNIA.

m'entouraient, on m'apprit qu'après la lutte soutenue contre Rabah, il y a cinq ans, on avait décidé d'abandonner ce point. Mais peu à peu, la sécurité étant revenue, on s'y réinstallait définitivement. On avait déjà reconstruit une mosquée en briques sèches, et on allait refaire le palais du sultan; ensuite, on rebâtirait toute la ville.

Nous traversons les ruelles bordées de nattes en paille tressée, et on nous conduit chez notre hôte, le Kadé Tchiroma, ministre et précepteur du fils du sultan. Nous avons un logis très confortable, où nous pouvons faire une toilette sommaire. Puis, on vient nous prendre pour nous mener devant le palais du sultan, qui forme à lui seul un véritable village dans la ville.

Entouré de palissades de tous côtés, on n'en aperçoit que des toits en forme de dômes, en paille tressée très élégamment et se terminant par une pointe sur laquelle est enfilé un œuf d'autruche.

L'EMPIRE DE RABAH.

Nous nous arrêtons devant l'entrée principale et, durant une heure, sous un soleil de plomb, nous devons assister à un nouveau défilé des troupes et à des fantasias remarquablement exécutées. Les femmes, exclues de ces cérémonies, contemplent les soldats derrière les tapades en paille, et manifestent leur enthousiasme par des *you-you* perçants.

Enfin la porte s'ouvre, le chef des esclaves, ayant derrière lui une douzaine de serviteurs, s'avance vers nous et me revêt de deux boubous, l'un bleu, l'autre blanc, et en donne un à Ahmed. Après quoi, on nous invite à nous retirer chez nous.

Ce n'est pas seulement dans les nations européennes que les grands font faire antichambre. Nous rentrons à notre logis prendre un peu de repos, que la chaleur du jour et les fatigues de la réception rendent indispensable, et on vient nous prévenir que le sultan nous recevra le lendemain, en audience publique.

De bonne heure nous nous mettons en route. Comme j'étais plutôt en assez piètre équipage, j'avais fait revêtir à Ahmed son plus beau costume. Après une attente de dix minutes sur la place, on nous introduit. Le sultan, installé dans un grand hall carré recouvert de draperies multicolores, est à l'abri des regards indiscrets derrière une natte. Devant le hall est une immense tente en poil de chameau sous laquelle se tiennent, assis sur le sable, les ministres et les notables. Avant de prendre place à droite et à gauche du sultan, tous s'agenouillent et mettent leur front à terre.

Debout, au milieu de la foule, je présentai mes compliments au sultan et, ne désirant pas me compromettre, je lui fis simplement expliquer par Ahmed le but pacifique de notre mission et notre désir d'établir des relations commerciales avec le Baguirmi.

Il me répondit qu'il était heureux de nous recevoir chez lui et qu'il verrait volontiers les Français trafiquer dans son pays. Après quoi nous nous retirâmes sans avoir vu le souverain demeuré derrière sa natte.

Dans l'après-midi, je voulus visiter la ville et je m'arrêtai au marché. Malheureusement l'heure des transactions importantes

FANTASIA SALUANT NOTRE ARRIVÉE À MASSÉNIA, LA CAPITALE DE GAOURANG, SULTAN DU BAGUIRMI.

A MASSÉNIA.

n'était pas arrivée, et, comme on me fit comprendre que l'envoyé d'un grand pays ne pouvait, sans risque de compromettre sa dignité, se mêler ainsi au vulgaire, je dus regagner mon logis. J'en avais cependant assez vu pour me rendre compte qu'un Européen pouvait trouver là à peu près tout ce dont il avait besoin, tant en vivres qu'en marchandises.

Rentrés chez nous, nous recevons la visite de personnages importants, de lettrés, et nous terminons la journée par une causerie fort intéressante qui me permit de réunir de nombreux documents géographiques, historiques et politiques sur le pays. Vers six heures du soir, cinquante esclaves entrent chez nous et nous offrent de la part du sultan des vivres de toute espèce, des friandises de toute sorte [1]. Comme nous sommes trop peu nombreux pour consommer le tout, nous nous attirons une grande popularité en faisant distribuer notre superflu aux pauvres.

Ce fut seulement dans la nuit du lendemain que le sultan Gaourang me donna une audience privée. Même au Baguirmi, le protocole a des exigences. M'étant informé si je pourrais m'asseoir autrement qu'à terre en présence du sultan, il me fut répondu que cela n'était pas possible. Je dus déclarer que, si je ne devais pas rester longtemps, je consentais à me tenir debout, mais que si l'audience se prolongeait, je refusais, comme envoyé d'un grand pays, de m'asseoir par terre. On fut obligé d'en référer au sultan, qui très gracieusement m'invita à faire apporter un siège. Cette concession, minime en apparence, nous valut d'être traités avec une grande considération par tout l'entourage du *m'bang* (sultan). Nous quittons donc notre demeure vers une heure et demie du matin, pour nous acheminer vers le palais. Ahmed et mon domestique m'accompagnaient. On nous fit pénétrer dans une série de cours renfermant de nombreuses habitations et toutes garnies de sentinelles en armes. Après quoi on nous introduisit près du sultan. Assis, dans la même salle où il nous avait reçus en audience publique, sur une espèce de trône en bois recouvert de tapis très épais, le sultan nous accueillit très

1. Voir Note 4.

L'EMPIRE DE RABAH.

cordialement. Il était vêtu d'un pantalon en gros drap bleu soutaché de broderies noires et de vêtements arabes très riches. La tête était entourée d'un turban blanc brodé d'or. Auprès de lui, des parfums brûlaient dans deux cassolettes en cuivre repoussé. La salle était éclairée par la lumière d'une douzaine de bougies renfermées dans des lanternes pliantes. Une vingtaine de sentinelles en armes se tenaient derrière lui, et, trouvant peut-être que c'était insuffisant, il avait à portée de la main cinq fusils chargés...

Si gracieux qu'ait été l'accueil, j'avoue avoir éprouvé, durant les premières minutes, une certaine gêne, qui se dissipa bientôt en présence de la cordialité qui ne cessa de régner pendant cet entretien.

D'apparence jeune, le sultan Mohammed-Abd'Er-Rhaman-Gaourang a un visage agréable, quoique légèrement marqué par la variole. Il doit à son manque d'exercice un certain embonpoint qui, suivant toute probabilité, ne fera que s'accroître.

Fils du sultan Abd-El-Kader, qui régnait sur le Baguirmi du temps de Barth, il a passé presque toute sa jeunesse au Ouadaï où il fit toutes ses études. Très instruit et très juste envers son peuple, il est aimé de tous, d'autant qu'il jouit parmi les siens d'une grande réputation de bravoure. Assiégé en 1893, pendant cinq mois, dans Maïnheffa par Rabah, il n'hésita pas à se mettre à la tête des siens et, après une lutte désespérée, à franchir la ligne des assiégeants, ce qui lui permit de se replier sur Massénia sans être poursuivi.

Notre causerie ne dura pas moins d'une heure et demie et roula sur la France, sur Crampel, sur Rabah, et sur la politique générale à suivre. C'est cette nuit-là que fut décidée, en principe, la signature d'un traité entre le Baguirmi et la France.

Notre séjour à Massénia se prolongea quinze jours. Je revis le sultan presque tous les jours : une fois en audience publique où seul j'étais assis sur un tapis, et les autres fois pendant la nuit. Durant ces nouvelles entrevues, Gaourang, évidemment rassuré sur mon compte, ne s'entoura plus du même luxe de

A MASSÉNIA.

TYPES DE SOLDATS BAGUIRMIENS.

précautions. Nous finîmes même par nous voir seul à seul, avec Ahmed comme interprète et comme témoin.

Gaourang a l'habitude de sortir deux fois par semaine en grande pompe et d'aller faire une tournée aux environs. J'étais de toutes ces sorties et le grand plaisir du sultan était de faire manœuvrer devant moi ses soldats.

Je dus même céder à ses instances et faire parader devant lui une vingtaine d'hommes que j'avais fait venir du vapeur. Nos Sénégalais eurent un grand succès, moindre cependant que notre clairon, dont les notes vibrantes excitèrent l'enthousiasme général.

Et cependant l'armée baguirmienne ne manquait pas de musique. J'y ai compté au moins une douzaine de tambours, des

L'EMPIRE DE RABAH.

flûtes, des trompes et un clairon provenant d'un fabricant du faubourg Poissonnière.

On ne doit pas s'étonner de trouver de tels objets en plein Centre africain. Il ne faut pas oublier que ces régions sont en communication constante avec Tripoli, dont les caravanes approvisionnent les marchés du Ouadaï et en proportion moindre ceux du Baguirmi.

La religion musulmane et la facilité des communications ont introduit dans ces régions une civilisation relativement avancée. On s'y trouve, à ce point de vue, au Moyen âge. Les sultans du Ouadaï et du Baguirmi, en gens pratiques, ont su éviter la grande féodalité héréditaire, cause en Europe de tant de luttes sanglantes.

Se méfiant de leurs proches ou des gens à qui leur naissance donne une certaine influence, ils leur confient rarement des commandements de régions. Ils réservent presque toutes les fonctions importantes à des esclaves de confiance, qu'ils peuvent révoquer à volonté et qui n'ont pas le temps de se créer une popularité suffisante dans les territoires qu'ils administrent, pour que leurs enfants puissent leur succéder.

Au point de vue religieux, la grande majorité du pays est musulmane. La minorité des habitants seulement est lettrée et les plus grands savants possèdent tout au plus la science enseignée au IV° siècle à l'école d'Alexandrie. On trouve néanmoins quelques personnages qui, ayant beaucoup voyagé, ont acquis des idées très larges et ne sont pas réfractaires à l'introduction de certains perfectionnements de notre civilisation.

Il faut dire d'ailleurs que les Baguirmiens proprement dits, conquérants du sol, ne sont musulmans que depuis un siècle environ et ne paraissent pas très fanatiques.

Bien que les légendes baguirmiennes fassent remonter l'origine de la race à quatre personnages venus du Yemen, il paraît plus certain qu'ils descendent des tribus fétichistes établies au Nord du lac Fitri.

Ils vainquirent d'abord leurs voisins immédiats, les Boulalas,

SLIMAN ET YOUSSEF.

et unis à eux ils soumirent successivement les Foulbés installés près de Massénia, et les groupements arabes très nombreux fixés un peu dans tous les territoires du Baguirmi actuel. Les vaincus payèrent tribut, mais réussirent à donner leur religion aux vainqueurs. Aujourd'hui Boulalas, Foulbés et Arabes forment la population baguirmienne.

Je n'insisterai pas davantage sur le Baguirmi, bien que j'aie encore beaucoup de choses à en dire. Je reviens à notre séjour à Massénia.

Comblé d'attentions et de soins par l'entourage de Gaourang, je ne perdais pas de vue l'objectif de mon voyage, et dans une des dernières entrevues que j'eus avec le sultan, je lui exprimai mon désir de pousser jusqu'au Tchad. Il fit son possible pour m'en dissuader, disant que c'était folie pure de s'aventurer avec si peu de monde dans un pays occupé par Rabah, que je ne devais pas oublier qu'il avait tué Crampel, et que pareil sort nous attendait infailliblement. Il est certain qu'en parlant ainsi il était sincère, mais il est fort probable que la crainte de nous voir nouer des relations avec Rabah entrait pour quelque chose dans ses préoccupations.

Aussi lui demandai-je, afin de le rassurer, de vouloir bien me donner deux hommes, dans lesquels il avait confiance, pour nous servir de guides. J'ajoutai qu'étant si près du Tchad, nul dans mon pays ne comprendrait que nous nous arrêtions en route et que, d'ailleurs, les Français ne craignaient personne. Gaourang était jeune; il consentit à notre départ et nous adjoignit deux hommes remarquables, l'un, l'aguid Mondo, son propre beau-frère, et l'autre, Youssef, qui avait navigué longtemps sur le Chari et sur le Tchad. La terreur inspirée par Rabah était telle que nous grandîmes de cent coudées dans l'estime publique ; mais notre projet fut considéré par tous comme irréalisable.

Nous fîmes toutes les provisions nécessaires. On tua des bœufs dont on fit boucaner la viande, on embarqua du bois pour trois jours, et vingt villages, réquisitionnés par ordre du sultan, nous fournirent de l'huile de poisson, d'arachides et d'*hadjilidj*

L'EMPIRE DE RABAH.

RUINES DE BOUGOMAN AVEC LE TOMBEAU D'ABOU-SIKKIM.

nécessaire au lubréfiage de la machine. Nous redescendîmes le Bahr-Erguieg en cinq heures; les eaux avaient monté ; aussi n'étions-nous plus gênés par les herbes. Nous gagnâmes Bougoman, où nous restâmes un jour, ce qui nous permit de nous rencontrer avec Alifa-Ba, ou « chef de la rivière », qui nous fit mille recommandations de prudence. Nous dûmes recevoir une masse de gens qui nous racontèrent des légendes plus ou moins fantaisistes sur le lac Tchad. Les uns nous disaient qu'au centre du lac se trouvait un tourbillon immense, engloutissant toutes les pirogues qui s'aventuraient de ce côté. D'autres nous parlaient des Bouddoumas, ou pirates du Tchad, et nous disaient qu'ils possédaient des bœufs avec des cornes longues de près de deux mètres...

LE CHARI, EN FACE DE KOUSSOURI.

VERS LE TCHAD.

KABA MARAS. — TYPES D'INDIGÈNES DU CHARI.

Ici, le fleuve Chari, tout en diminuant de largeur, est cependant toujours majestueux et superbe ; son courant augmente peu à peu ; bientôt nous nous trouvons en face du Logone, presque aussi large que le Chari et nous sommes immédiatement empoignés par la splendeur de la vaste nappe liquide qui s'étend devant nous. Sur la rive gauche du Logone se dresse la grande

L'EMPIRE DE RABAH.

ville fortifiée de Koussouri dont les murailles, épaisses et hautes, s'étendent sur un front de près de 4 000 mètres.

Des maisons bien construites, dont plusieurs sont à étages, dépassent la hauteur des murailles. Koussouri renferme environ 12 000 habitants. Rabah y a installé une garnison nombreuse, avec laquelle il peut commander le pays. Sur les rives, on ne voit personne. A la prière de Youssef, nous faisons marcher le sifflet de la chaudière, mais aucune embarcation ne se détache de la berge.

Nous continuons donc notre route. Peu à peu, les îles se montrent de nouveau. Des villages nombreux, que nous notons sur la carte que nous dressons, apparaissent à nos yeux Nous sommes en face de Fadjé. Le fleuve immense se divise en deux bras presque d'égale largeur. Celui de gauche conduit à Makari, sur les eaux libres du Tchad. Celui de droite, dans lequel nous nous engageons, nous conduit à Mara, important centre de pêche. Mara renferme 5 000 ou 6 000 habitants. Les énormes pirogues, aux extrémités relevées, n'ont pas moins de vingt mètres de longueur sur deux mètres de largeur. Construites en planches jointes au moyen de petites cordes, on assure leur étanchéité relative avec de la paille tressée.

En réalité, il n'y a plus de fleuve, rien que des îles. Nous sommes dans le delta du Tchad. Nous arrivons bientôt en face de Goulfeï, que nous longeons sans nous arrêter. Nous mettons dix minutes à franchir le front de murailles qui s'étend le long du fleuve. La ville, presque aussi importante que Koussouri, est célèbre par son industrie. Les habitants n'ont point de rivaux pour la teinture et le tissage. C'est un centre commercial très important. Nous marchons encore une heure et demie et nous allons mouiller au village d'Allarada. Youssef prend des informations ; on lui apprend que les garnisons de Koussouri et de Goulfeï se sont repliées sur Dikoa, à trois jours de marche vers l'Ouest, où elles ont rejoint Rabah. Tout le monde est heureux de notre arrivée. Il semble à tous que nous venons délivrer ces gens du joug qui pèse si durement sur eux.

VERS LE TCHAD.

LE « LÉON-BLOT » NAVIGUANT SUR LE TCHAD.

Aussi, on nous apporte du riz, du blé et des vivres en si grande quantité, que nous sommes obligés d'en refuser. Personne ne veut de rémunération. Ce bon accueil montre combien Rabah est détesté par des populations jadis soumises au Baguirmi, à présent opprimées par le conquérant soudanais.

Très touchés de la sympathie qu'on nous témoigne, nous appareillons le lendemain de bonne heure. Nous voguons au milieu d'un dédale de canaux, d'îles, de bras, tous aboutissant à la nappe franche du Tchad. On compte au moins onze de ces artères, formant des îles très grandes sur lesquelles s'élèvent des centres de population, tels que Goulfeï-Gana, Saoué, et la place importante de Chaouï. A partir de Chaouï, les joncs et les papyrus commencent. Nous tombons sur une flottille de pêcheurs qui, installés à cheval sur un paquet de joncs, se livrent à la pêche au filet, au beau milieu du fleuve. Nous laissons encore, à droite et à gauche, quelques canaux dont l'un a été creusé par les Ouoberris, peuplade originaire des îles du Tchad, et nous arrivons enfin au terme de notre voyage.

L'EMPIRE DE RABHA.

UNE PIROGUE DE PIRATES DU TCHAD.

Les eaux libres du Tchad s'offraient à nos regards émerveillés. Tous, nous contemplions, avec un sentiment de joie profonde, ces eaux mystérieuses s'étendant à perte de vue. L'un de nos marins, indigène gabonais, se croyant sur la mer, prit de l'eau et la goûta. Il fut tout stupéfait de constater qu'elle était douce. Une bonne brise soufflait, formant sur le lac un clapotis sérieux. Nous mouillons, pour faire des observations, et aussi pour savourer, dans toute leur plénitude, la jouissance intense et l'émotion profonde, qui s'étaient emparées de nous.

Nous fûmes bientôt distraits de nos préoccupations par l'arrivée subite d'une flottille de pirogues de Bouddoumas ou pirates du Tchad. Saisis de stupeur à notre vue, ils disparurent rapidement dans les îles où ils se réfugièrent, abandonnant une partie de leurs embarcations...

Et maintenant, qu'allions-nous faire? Notre but était atteint. Mais c'était une tentation bien forte pour des voyageurs que de se lancer à l'aventure sur cette mer intérieure. Nous y cédons un moment et, longeant la rive, nous nous dirigeons vers l'Est dans la direction de Hadjer-el-Hamis ou « Pierre du Jeudi ». C'est un lieu de pèlerinage célèbre.

Le fleuve Chari, en se déversant dans le Tchad, forme une série de bancs qui s'étendent sur une zone de 1 000 mètres environ. On peut prévoir que, peu à peu, de nouvelles îles se formeront là et que des passes nouvelles s'établiront entre elles. Une fois cette zone de bancs franchie, on est en eau très profonde : le Tchad est donc navigable. C'était ce qu'il importait avant tout de savoir. Si loin que la vue s'étendait, on n'apercevait plus aucun arbre sur les îles de la rive. M'étant informé si nous pouvions trouver du bois, notre pilote me dit qu'il n'y en avait qu'au Kanem. Plus de bois pour alimenter la chaudière du *Léon-Blot*, c'était l'impossibilité de continuer... On aurait pu, il est vrai, revenir sur ses pas, créer un poste à bois, y déposer tout notre matériel et embarquer du combustible dans les deux baleinières et sur le vapeur. Mais nous étions cinquante en tout. Devions-nous laisser une vingtaine d'hommes en arrière, les exposer à être massacrés et compromettre les résultats acquis ? Je ne le pensai pas, et ce fut aussi l'opinion de mes collaborateurs. Le retour fut donc décidé.

IV

Nous quittons le Tchad. — Ma rentrée en France. — Les envoyés Baguirmiens à la revue finale des grandes manœuvres. — Départ de Bretonnet pour le Chari. — Les menées de Rabah nécessitent mon retour au Chari. — Malheureux, mais glorieux combat de Togbao.

L
e 2 novembre 1897, au lendemain de cette journée mémorable qui avait vu notre prise de possession des eaux du Tchad, nous nous décidâmes à revenir en arrière. Notre montée du fleuve s'opéra sans le moindre incident ; partout nous reçûmes un excellent accueil. A Goulfei, plusieurs milliers d'indigènes groupés sur la rive nous firent fête à notre passage. Nous revoyons le Logone, Koussouri, etc., et nous arrivons enfin au Baguirmi.

Nos deux compagnons, Youssef et Sliman, débarqués à Bougoman, se dirigent sur Masséñia pour rendre compte de leur mission au sultan Gaourang et pour lui porter une lettre de ma part.

Je lui demandais de me confier deux notables, pour rentrer en France avec moi. Ma requête fut accueillie favorablement, et le 23 novembre, nous recevions, avec sa réponse à Bousso, les deux ambassadeurs qui devaient m'accompagner. C'était d'abord notre ami Sliman, qui nous avait guidés vers le Tchad, et un homme de moindre importance appelé Lamana.

Sliman, personnage très intelligent, lettré, était de naissance libre et avait le gouvernement d'une province. Son titre était « aguid Mondo ». Il était de plus le beau-frère du sultan, ce dernier ayant pris sa sœur comme une de ses quatre épouses légitimes.

RETOUR.

Le programme dont le Gouvernement m'avait confié l'exécution était donc largement rempli.

Nous avions trouvé la plus courte et la meilleure voie de pénétration entre les bassins de l'Oubangui et du Chari ; des postes allaient y être créés. Nous avions exploré en leur entier le Gribingui et le Chari, complètement inconnus sur la plus grande partie de leur cours. Nous avions conclu un traité avec une puissance musulmane, le Baguirmi, et nous nous étions largement documentés sur les États voisins : Ouadaï, Kanem, Bornou. Je revins de cette première campagne avec une idée très nette de la force et de la puissance de Rabah, de son organisation militaire et enfin des principaux détails de sa vie. Je compris, dès ce moment, que nous trouverions en lui, un jour ou l'autre, un adversaire redoutable... L'événement ne tarda pas à prouver que je voyais juste...

SLIMAN, CHEF DES AMBASSADEURS BAGUIRMIENS VENUS EN FRANCE AVEC M. GENTIL.

Les eaux baissaient depuis la fin du mois d'octobre. Il pouvait ne pas être prudent de prolonger davantage notre séjour à Bousso. Aussi nous mîmes-nous en route de suite. La navigation dans le Chari s'effectua très heureusement ; il en fut de même dans le Gribingui ; mais les eaux qui avaient beaucoup diminué ne couvraient plus les seuils de cailloux que j'avais remarqués à la descente, de sorte que trois rapides fort dangereux s'étaient formés. Nous les franchîmes avec assez de difficulté, et, le 12 décembre, nous faisions notre rentrée au poste du Gribingui. Fredon, qui en avait eu la charge pendant mon absence, m'apprit que Prins s'était rendu chez Senoussi depuis quinze jours. Il n'avait pas eu la précaution de réclamer un otage au chef musulman, si bien que j'étais très inquiet sur le sort de notre agent.

Je décidai de le faire revenir. Mais pour ne pas créer de complications, il me fallait user de ruse. J'écrivis donc à Senoussi une lettre, dont voici quelques extraits :

..... Après les salutations... nous vous informons que nous avons atteint les eaux du lac Tchad. Nous avons traversé tous les pays de Rabah. Nous y avons reçu le meilleur accueil. J'ai avec moi des envoyés. J'ai donc beaucoup de choses à vous dire, mais il vaut mieux que ces choses soient confiées à quelqu'un de sûr, qu'écrites sur un papier pouvant se perdre. Je vous prie donc de me renvoyer M. Prins pour que je le mette au courant de la situation. Je lui écris de ne prendre de ses bagages que le strict nécessaire, afin qu'il ne perde pas de temps ; le reste, vous voudrez bien le faire mettre en lieu sûr pour qu'il n'y ait rien de perdu. Je désire que vous m'envoyiez pour vendre, un cheval noir avec une tache blanche au front...

GENTIL.

LAMANA, DEUXIÈME BAGUIRMIEN VENU EN FRANCE AVEC M. GENTIL.

Cette lettre, à laquelle je conserve sa forme de traduction arabe, était ponctuée pour que les différentes phrases, prises séparément, présentassent des faits rigoureusement vrais. En bloc, au contraire, on pouvait parfaitement comprendre que les envoyés que nous avions ramenés étaient des gens de Rabah. C'était ce que je souhaitais. De plus, la demande d'un cheval noir avec une tache blanche au front, semblait, par sa recherche du détail, éloigner de l'esprit de l'auteur de la lettre toute préoccupation importante. En un mot, je voulais que ma lettre ne donnât à Senoussi aucune arrière-pensée et qu'il me renvoyât mon agent.

D'autre part, M. Prins recevait de moi une lettre conçue dans le même sens. Il perdit même trois jours à rechercher le fameux cheval, et il revint tout naturellement vers moi, ayant laissé la majeure partie de ses bagages chez Senoussi où il comptait retourner.

AZREG, ENVOYÉ DE SENOUSSI, VENU EN FRANCE AVEC M. GENTIL.

Je poussai un soupir de satisfaction en revoyant notre compagnon bien portant, très gai, et ne se doutant pas des mauvaises nuits qu'il m'avait fait passer. Il était accompagné de deux personnages que nous connaissions bien, El Hadj Tekour et Azreg. Le moment était venu de causer un peu de l'affaire Crampel.

Les deux pauvres envoyés, dès que j'abordai ce sujet jusquelà écarté, tremblèrent de frayeur, et leur terreur ne fit que s'augmenter, quand, au lieu des messagers de Rabah qu'ils comptaient voir, ils se rencontrèrent avec des Baguirmiens.

Ils m'assurèrent que Senoussi n'était pour rien dans le meurtre de Crampel, dont l'instigateur avait été Rabah. Je leur déclarai que je voulais bien les croire, mais que, s'il en était ainsi, je désirais que Senoussi, de même que le sultan du Baguirmi, me confiât des envoyés pour la France et que j'entendais que leur chef me donnât lui-même tous les détails relatifs à la mort de Crampel.

EL HADJ TEKOUR, ENVOYÉ DE SENOUSSI, VENUS EN FRANCE AVEC M. GENTIL.

Je leur fixai un délai de trente jours pour m'apporter une réponse nette, faute de laquelle nous les considérerions comme ennemis. El Hadj et Azreg, voyant que leur vie n'était pas menacée et que les choses semblaient s'arranger pour eux, respirèrent enfin et dirent à mon interprète : « Maintenant les poils de notre corps se sont couchés. Nous n'avons plus peur. » Ce qui voulait dire qu'ils avaient eu une telle frayeur que tous leurs poils s'étaient hérissés. Ils revinrent chez eux aussitôt. Vingt-quatre jours plus tard, ils étaient de retour. Senoussi m'écrivait une lettre dans laquelle il me disait qu'il désignait El Hadj et Azreg pour m'accompagner en France, qu'il haïssait Rabah autant que moi, que, Baguirmien d'origine, il était tout disposé à se grouper avec ses compatriotes sous notre protectorat, et que, quant à Crampel, c'était Rabah qui en avait ordonné le meurtre pour s'emparer de ses fusils. Vraie ou fausse, il fallait bien me contenter de cette version, et je me déclarai satisfait. J'écrivis en ce sens à Senoussi et l'informai que Prins ne retournerait pas chez lui, mais que je l'expédiais comme résident au Baguirmi. Plus tard

M. DE BÉHAGLE.

je lui enverrais un agent qui resterait à demeure à N'Dellé, sa capitale, mais pour l'instant j'allais retourner en France avec ses envoyés et ceux du Baguirmi. Ma tâche était donc accomplie. Aucun péril ne semblait imminent. Aussi, après avoir renvoyé au Baguirmi M. Prins, avec une douzaine de Sénégalais et une cinquantaine de fusils pour Gaourang, décidai-je de rentrer en France, pour exposer au Gouvernement un programme d'action plus complet.

Je laissai la direction des affaires à mon excellent collaborateur Huntzbüchler, alors en parfaite santé; il était convenu que je le ferais remplacer dès mon arrivée à Libreville. Hélas, nous ne devions plus nous revoir. La mort impitoyable le frappa au moment où il rentrait à son tour en France. Quelques mois après m'avoir quitté, il s'éteignit à Brazzaville, atteint de pneumonie, mais en réalité victime du surmenage effrayant auquel il avait été soumis pendant cette rude campagne. Je perdis en lui un excellent ami, et le pays un serviteur précieux.

Sur la route de France, en arrivant au fleuve Oubangui, je me rencontrai avec M. de Béhagle, ancien compagnon de Maistre, envoyé en mission commerciale dans le bassin du Tchad par un syndicat français. Maigre, de taille moyenne, les os de la figure saillants, les yeux creux, il offrait l'aspect d'un homme énergique. Ses traits durs, se contractant parfois, semblaient avoir reçu l'empreinte d'un chagrin profond. Constamment coiffé d'une chéchia rouge, recouverte d'une coiffe bleue, il allait narguant le soleil. Nous nous vîmes avec le plus grand plaisir. Il me confia ses projets et me demanda de l'aider.

J'y consentis bien volontiers, à condition qu'il me promît de s'abstenir de toute ingérence dans la politique et de se conformer strictement à son programme.

Il me déclara qu'il suivrait exactement mes indications, si bien que j'ordonnai à Huntzbüchler de mettre à sa disposition le *Léon-Blot*, dès les prochaines hautes eaux, pour effectuer deux voyages au Baguirmi, où il devait créer des établissements. Nous avions convenu également entre nous, que si l'occasion s'offrait pour lui de revenir par le Nord, il prendrait la route du Kanem et s'abstiendrait de négocier avec le Bornou ou avec le Ouadaï. Après quoi, nous nous séparâmes et je revins en France; de Mostuejouls et Ahmed ben Medjkane m'accompagnaient. Mon absence avait duré trente-neuf mois.

Je ne m'étendrai pas longtemps sur l'accueil qui nous attendait à Paris. Qu'il me suffise de dire qu'il fut tellement chaleureux et bienveillant que j'en fus, pour ma part, tout confus. Tous mes compagnons recevaient des récompenses bien méritées. Moi-même, je fus comblé ; mais ce qui me fit plus de plaisir que les avancements et les honneurs fut l'assurance donnée par le ministre que l'on continuerait notre œuvre et que l'on allait procéder à l'occupation des territoires que nous venions d'explorer.

En attendant que l'on pût étudier complètement le nouveau programme que je soumettais, mon camarade d'école, le lieutenant de vaisseau Bretonnet, était, sur ma demande, désigné pour prendre la direction des affaires pendant mon congé. Il partait de France le 10 octobre 1898, emmenant avec lui les Baguirmiens et les gens de Senoussi qui avaient passé deux mois dans notre pays et qui rentraient chez eux, emportant le souvenir de tout ce qu'ils avaient vu, et l'impression de notre puissance militaire qu'ils avaient pu vérifier lors de la revue de Moulins, passée par le Président de la République.

Bretonnet était à peine en route que les plus mauvaises nouvelles nous parvenaient. Rabah, pour punir les populations du Chari qui nous avaient bien accueillis, les avait impitoyablement razziées et avait ensuite envahi le Baguirmi. Le sultan Gaourang, incapable de soutenir la lutte, avait brûlé sa capitale Massénia, et s'était replié sur le fleuve, dans les environs du dixième degré de latitude.

Il importait de prendre tout de suite des mesures telles que notre puissance s'affirmât définitivement. M. Guillain, alors ministre des Colonies, était un véritable homme d'État, à la fois pensant et agissant, ne perdant pas en vaines paroles un temps

TRAIN BELGE À MATADI.

DÉPART DE FRANCE.

EXERCICE MILITAIRE À BRAZZAVILLE.

précieux. Il voulut bien, ainsi que je le lui proposai, ordonner l'exécution immédiate des mesures suivantes :

Avant tout, une compagnie de 150 hommes, commandée par le capitaine Jullien, destinée à renforcer la mission Marchand, se trouvant sans emploi par suite du traité franco-anglais récemment conclu, fut envoyée à la disposition de Bretonnet

Ce dernier était avisé d'avoir à se porter avec les hommes de cette compagnie, qui se trouvait alors dans le Haut Oubangui, et le personnel sénégalais disponible, en service dans la région du Chari, aux environs du dixième degré, d'y rejoindre Gaourang et d'attendre là des renforts et des instructions.

Ayant ainsi pris toutes les précautions pour assurer la sécurité de nos postes du Chari, M. Guillain me confiait la direction générale du Chari et me donnait l'ordre de faire mes préparatifs de départ.

Je m'assurai le concours de collaborateurs d'élite. C'était d'abord le capitaine de cavalerie Robillot, un ancien soudanais, qui s'était distingué sous les ordres d'un militaire incompa-

L'EMPIRE DE RABAH.

rable, le général Combes ; ensuite, le capitaine de Cointet, qui avait déjà fait ses preuves à Madagascar : officier très instruit et de beaucoup d'allant, il inspirait la plus grande confiance; puis le capitaine de Lamothe qu'un séjour au Congo avait déjà acclimaté, et qui était, avant tout, un homme d'action. Un lieutenant de tirailleurs algériens, M. Kieffer, deux maréchaux des logis, MM. Baugnies et Levassor, un administrateur civil, M. Bruel, mon vieil ami de Mostuejouls, M. Pinel et trois interprètes arabes complétaient notre personnel européen. J'étais de plus autorisé à faire recruter 200 hommes au Sénégal. C'était donc une véritable expédition qui s'organisait.

Le 25 janvier 1899, une partie de notre monde quittait la France. Le 25 février, je partais à mon tour, emmenant le complément de personnel et de matériel. Le 30 mars, je rejoignais, à Brazzaville, le capitaine Robillot qui m'y avait précédé.

Nos charges transportées, ainsi que le personnel, par le chemin de fer de Matadi à Léopoldville, s'accumulaient peu à peu dans les magasins de Brazzaville. Quel changement s'était produit depuis la construction de ce chemin de fer! En quelques jours, on pouvait transporter à Brazzaville des milliers de colis, au lieu que, lors de ma première expédition, il nous avait fallu des mois pour arriver au même résultat; encore avions-nous un approvisionnement cinq ou six fois moindre. Mais combien regrettable est-il, que nous nous soyons laissés devancer dans la construction de ce chemin de fer par nos rivaux belges!

Pendant que nous hésitions et que nous tolérions une mission d'études, entre Loango et Brazzaville, nos voisins, non pas plus entreprenants peut-être, mais sous l'impulsion d'une volonté unique, consciente du but à atteindre, entamaient franchement le travail de la ligne. Malgré les obstacles du terrain, malgré l'opposition, ils triomphèrent, et le major Thys, à qui revient l'honneur du succès, faisait inaugurer la ligne en 1898. Elle est en exploitation depuis trois ans, et ses recettes annuelles s'élèvent à près de 16 millions... Quelle leçon pour nous ! Je me

LE CHEMIN DE FER BELGE.

souviens encore, il y a quelque dix ans, avec quel sourire de pitié, beaucoup de gens, et non des moindres, du haut de leur col empesé, accueillaient la nouvelle de la construction de ce chemin

LE CHALAND A TRANCHES DÉMONTABLES DE LA MISSION.

de fer du Congo. C'est idiot, c'est absurde, disaient-ils; il n'y aura jamais assez de trafic pour alimenter un chemin de fer. Aujourd'hui, le résultat est là, navrant pour nous. Dans dix ans, les Belges auront presque amorti leur capital et la ligne fonctionnera, concurrençant, avec une supériorité écrasante, toutes les entreprises rivales que nous essayerons de lancer. Mais ce n'est ici ni le lieu ni l'instant de me laisser entraîner à de semblables considérations.

Nos Sénégalais n'étaient pas instruits; le capitaine de Lamothe, le lieutenant Kieffer, les deux maréchaux des logis et un sergent nommé Cathala, que le Commissaire général venait de mettre à notre disposition, s'occupèrent d'en faire des soldats et de leur apprendre le tir. Le mois qu'ils passèrent à Brazzaville et qui nous était nécessaire pour mettre nos affaires en ordre, fut employé à ce dressage.

L'EMPIRE DE RABAH.

Pendant ce temps Robillot et de Cointet m'aidaient à faire les préparatifs de départ [1].

Le 6 avril, le capitaine de Cointet, de Mostuejouls et un agent appelé Landre, embarquaient sur le *M'foumou n'tango*, vapeur d'une maison hollandaise. Ils emportaient environ 1 200 colis, parmi lesquels les tôles d'un grand chaland démontable, long de 12 m. 60, large de 2 m. 70, que j'avais fait construire en France, pour le transport du matériel sur le Chari.

LE VAPEUR « LÉON XIII ».

Moi-même, je me mettais en route, peu après, sur le vapeur *Léon XIII*, que Monseigneur Augouard, le si distingué évêque de Brazzaville, avait bien voulu consentir à nous affréter. Les capitaines Robillot et de Lamothe devaient suivre, quelque temps après, sur deux autres vapeurs de la maison hollandaise. Comme on le voit, notre mise en route s'était faite très rapidement.

Le 23 mai, nous atteignons Zinga, point extrême où les vapeurs pouvaient accéder en cette saison. Grâce à l'obligeance de M. Bernard, l'administrateur de Bangui, nous trouvons de suite, pour le groupe qui m'accompagnait, les pirogues nécessaires et nous pouvons atteindre Bangui, où je me rencontrai avec l'adminis-

---

[1]. Pendant qu'ils s'effectuaient, une nouvelle navrante me parvint : le docteur Sibut, mon ami d'enfance, médecin de notre expédition, que nous avions débarqué à Libreville, était mort à l'hôpital. A peine en route, déjà une victime! Il fut remplacé par le docteur Allain, médecin des colonies, qui spontanément nous offrit son concours. On verra que nous n'eûmes pas à nous plaindre de cette recrue.

DÉBARQUEMENT DES BAGAGES (MATADI)

NOUVELLES DU BAGUIRMI.

LE CAPITAINE JULLIEN.

trateur Rousset [1], venu au-devant de moi. Nous poursuivons notre route ensemble, avec des pirogues et une baleinière en acier. Nous passons le dangereux rapide de l'Éléphant et nous arrivons enfin à Ouadda. C'est là que je retrouvai M. Prins, qui rentrait en France, ayant fini son séjour. Par lui, je fus renseigné exactement sur les faits qui s'étaient passés depuis mon départ. Je les résume ici [2].

Les Sénégalais qui étaient au Baguirmi s'étaient relâchés comme discipline. M. de Béhagle n'avait pu s'entendre avec le sultan Gaourang, et, après avoir eu l'idée de pousser une pointe au Ouadaï, avait renoncé à son projet ; de concert avec Prins, il s'était décidé à faire une reconnaissance jusqu'au Tchad

[1]. M. Rousset avait fait l'intérim du service, entre le moment du départ de Huntzbüchler et l'arrivée de Bretonnet.

[2]. Voir la Note 5.

L'EMPIRE DE RABAH.

et, si la chose était possible, à entrer en rapports avec Rabah. Je n'apprécierai pas ici l'opportunité de ce dessein. Je constate des faits et je passe. Qu'il me suffise de dire qu'entre temps M. de Béhagle avait reçu une certaine investiture officielle locale, l'autorisant en quelque sorte à collaborer à notre politique, ce qui le distrayait forcément de son rôle commercial.

Ceci établi, MM. Prins et de Béhagle quittèrent Kouno, dans les premiers jours de février, dans une baleinière en acier et redescendirent le Chari. Arrivés à Klessem, M. de Béhagle débarqua et Prins partit en reconnaissance. Près de Fadjié, Prins rencontra un parti de cavaliers qui firent feu sur lui ; il les repoussa aussitôt sans avoir éprouvé de pertes. Cette réception peu agréable le détermina immédiatement à revenir en arrière et à exposer la situation à M. de Béhagle. Celui-ci se serait décidé à rebrousser chemin avec Prins, si malheureusement le gouverneur de Koussouri, Othman Cheiko, n'avait pas envoyé à ce dernier une lettre d'excuses au sujet de ce qui venait de se passer. Il affirmait qu'il y avait eu méprise, et que, dorénavant, les Français pourraient circuler en toute sécurité sur le fleuve.

Ces assurances ne convainquirent pas Prins, mais suffirent à M. de Béhagle, dont l'esprit d'aventure et l'enthousiasme pouvaient se donner libre cours. Ils se séparèrent donc, l'un pour rejoindre son poste, l'autre, hélas ! pour ne plus revenir.

Peu après, Prins, remplacé à Kouno par le lieutenant Durand-Autier, rentrait en France. Il ne se rencontra pas avec M. Bretonnet qui, faute de moyens de transport, avait pris la route de terre, en passant par chez Senoussi. Cet officier était accompagné du lieutenant Braun, du maréchal des logis Martin, et de l'interprète Hassen. Après avoir séjourné quelque temps à N'Dellé, il longea le fleuve, puis, ayant rencontré une flottille de pirogues et de baleinières en acier, qui remontait à destination du Gribingui, il s'en servit pour continuer sa route et arriva à Kouno à peu près en même temps que j'atteignais Krebedjé. La flottille qui lui avait servi remontait jusqu'au Gribingui et un premier convoi

UN COIN DE MATADI.

ARRIVÉE AU GRIBINGUI.

ASPECT DES MONTAGNES DE TOGBAO.

comprenant des munitions d'infanterie et trois pièces de 4 descendait sous le commandement du chef de poste Pouret. Quelques jours après, j'arrivais dans la région et M. Prins me mettait au courant de la situation.

Ayant arrêté toutes les dispositions pour que l'énorme matériel que nous amenions pût être transporté, je pris avec moi la compagnie Jullien et me rendis en toute hâte à Gribingui, où j'arrivai le 29 juin 1899.

Là m'attendait une amère déception. Notre pauvre bateau d'autrefois, le *Léon-Blot*, était dans un état lamentable, abandonné à lui-même, la toiture démolie. La pluie tombant à torrents avait rouillé complètement les tubes de sa chaudière. Bref, le seul instrument, dont nous pouvions disposer pour envoyer des ravitaillements et des renforts, était complètement hors de service. Mon premier soin fut de le faire remettre en état; de Mostuejouls et ses aides noirs s'y employèrent immédiatement.

Le lendemain de notre arrivée, une douzaine de petites pirogues accostaient au poste. Le patron Samba Soumaré, qui les amenait, m'annonçait qu'il était parti avec dix-neuf, mais que les

L'EMPIRE DE RABAH.

BLOCS DE CAILLOUX AU PIED DE LA MONTAGNE DE TOGBAO

païens qui les montaient s'étaient enfuis avec sept ; il en restait donc douze, encore étaient-elles tout juste capables de porter deux hommes et trois colis.

Samba Soumaré me remit une lettre de Bretonnet, datée du 6 juillet [1]. Après une demande du matériel qui lui était nécessaire, il exposait la situation politique telle qu'elle lui apparaissait. Il annonçait que son arrivée avait rendu l'assurance à Gaourang et à son entourage, et me faisait savoir qu'il avait chargé le lieutenant Durand-Aulier d'aller porter aux avant-postes de Rabah une lettre déclarant que nous n'avions aucune intention hostile contre ses États. Bretonnet ajoutait qu'il ne croyait pas aux bruits rapportés, que Rabah allait marcher en personne sur Kouno. Néanmoins il réclamait la présence de la compagnie du capitaine Jullien.

Au reçu de cette lettre, le 31 juillet, j'envoyai à M. Pinel, à

1. Voir Note 6.

ATTAQUE DE LA RECONNAISSANCE DE PRINS PAR LES CAVALIERS DE RABAH
À FADJIÉ (PAGE 114).

NOUVELLES DE BRETONNET.

Krebedjé, l'ordre de ramener 200 charges de première utilité demandées par Bretonnet, et d'être de retour le plus tôt possible, lorsque trois jours plus tard, c'est-à-dire le 2 août au soir, un nouveau courrier me parvint. La situation s'était aggravée soudainement: le péril pour les nôtres était grand; une attaque de Rabah était imminente.

Mais Bretonnet, avec le calme courage qui était dans le fond de sa nature, ne mettait pas en doute le succès final : « Je me hâte de vous annoncer, écrivait-il, que, bien que ne disposant que de 44 miliciens et de 20 Bacongos armés, nous sommes en état, avec les 400 Baguirmiens environ armés de fusils, et grâce à notre fortin et à nos trois pièces de 4, de faire bonne contenance et d'infliger des pertes sérieuses à l'ennemi, que je compte bien obliger à la retraite. » Ailleurs, il écrivait : « Nous serons attaqués demain ou après-demain. Nous sommes en bonne position défensive; l'arrivée de la compagnie Jullien s'impose donc, soit pour nous aider à nous dégager, soit pour la poursuite si, comme j'y compte, nous repoussons de suite Rabah. » Au capitaine Jullien, il écrivait : « Rabah ne possède guère que des fusils à piston. Il n'a plus guère pour ses quelques mousquetons que des cartouches refaites par lui avec des balles en fer, ayant perdu par conséquent toute portée... »

J'ai tenu à donner plusieurs extraits de ces lettres de mon malheureux ami, parce qu'elles montrent avec quelle crânerie et quel beau mépris du danger, Bretonnet, élevé à cette dure école qu'est la marine française, nourri de ses traditions chevaleresques, envisageait la lutte avec un ennemi si dangereux et si formidable.

Pourquoi faut-il qu'il l'ait tant méprisé, cet ennemi! Hélas! non, Rabah n'avait pas que des fusils sans portée. Il possédait un millier de fusils à tir rapide, environ quinze cents fusils à piston modèle 1842 et au moins deux mille cinq cents autres fusils à deux coups à piston et à pierre. Bretonnet était donc mal renseigné sur Rabah ou, pour parler mieux, il n'y croyait pas.

L'EMPIRE DE RABAH.

C'est le 2 août 1899, on l'a vu, que je reçus ces graves nouvelles. J'appelai aussitôt le capitaine Robillot, commandant des troupes. Je lui donnai l'ordre de prévenir de Cointet et de Lamothe pour les faire rallier d'urgence Gribingui. Quant à nous, nous allions partir dès le lendemain matin. « Le *Léon-Blot* n'est pas terminé », dit de Mostuejouls. Cela ne fait rien, on continuera ses réparations en chemin. Vite on embarque des munitions, des canons, toute la compagnie Jullien, forte de cent trente hommes, et le 3 août, nous voilà en marche.

Trois jours encore, on dut travailler au vapeur qu'on faisait avancer péniblement à la perche; le quatrième enfin il était prêt. En route à toute vapeur! Mais les eaux sont exceptionnellement basses; on navigue avec la plus grande difficulté; le chaland, remorqué avec quatre-vingt-dix hommes à bord, nous retarde beaucoup. Puis ce sont les rapides où nous perdons un temps précieux, puis le manque de vivres; on perd une demi-journée pour faire boucaner la viande d'hippopotames que nous avons tués.

Enfin, le 14 août, nous sommes sur le Chari. A mesure que nous avançons, une angoisse profonde me saisit. Aucun courrier, aucune nouvelle. Que s'est-il passé? Les Kaba-Bodos, chez lesquels nous nous approvisionnons, ne peuvent ou ne veulent nous renseigner. Le 15 dans l'après-midi, nous trouvons un chef indigène, nommé Cada-Beri, qui nous accoste. Nous l'entourons et anxieusement lui demandons des nouvelles. Il doit savoir, lui! Il habite près du village de Gaoura, que Bretonnet indique au capitaine Jullien comme le point où il trouvera des nouvelles.

Non, lui non plus ne connaît pas grand'chose! Il a seulement entendu dire que Rabah et les blancs ont combattu. Il y a eu trois attaques; dans deux, les blancs ont vaincu, mais à la troisième ils ont perdu beaucoup de monde; il y a beaucoup de tués de part et d'autre.

On ne put tirer de lui davantage. Mais ce qu'il avait dit ainsi me suffisait, hélas! Aussitôt je pensai, à part moi, que c'en était fait des nôtres. Il y avait eu bataille, cela n'était pas douteux. Si

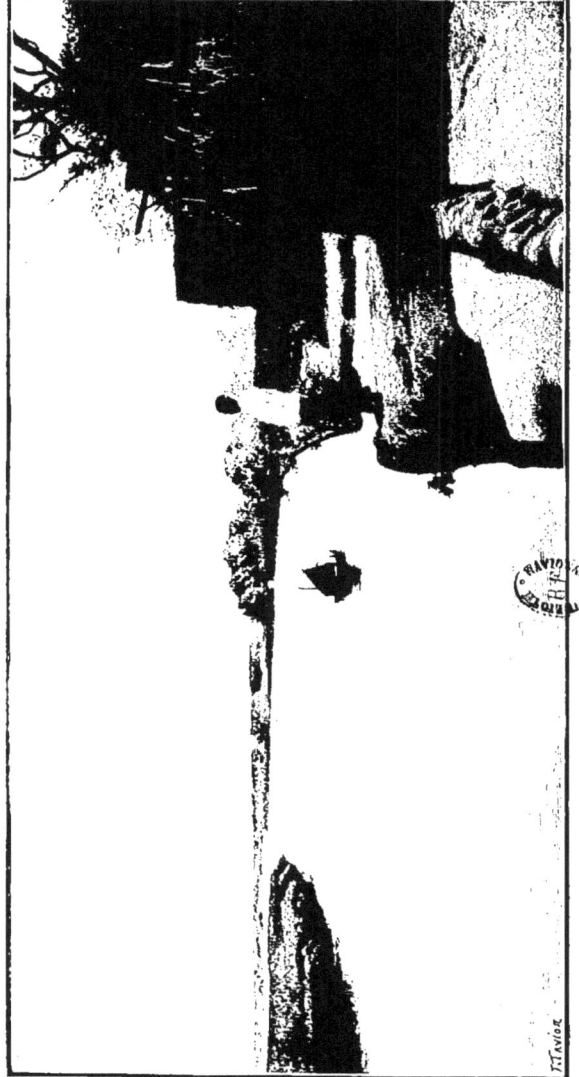
COURBE DU CHARI EN FACE DU VILLAGE DE GAOURA.

EN ROUTE POUR FORT-ARCHAMBAULT.

UNE HÉCATOMBE D'HIPPOPOTAMES DONT LA COLONNE FIT BOUCANER LA VIANDE.

Bretonnet avait vaincu, le bruit s'en serait répandu au loin, et l'attitude des indigènes eût été tout autre. Sombre et envahi d'une profonde tristesse, j'avais hâte d'arriver au but. Enfin, dans le lointain, on aperçoit le village de Gaoura, les berges hautes sont couvertes de monde. Au fur et à mesure qu'on approche, on voit des gens habillés d'un boubou; il y en a beaucoup. Ce sont des Baguirmiens, me dit un guide. Un moment l'espérance renaît; des Baguirmiens! Les nôtres sont donc encore en vie! Enfin, nous approchons davantage, on peut distinguer les physionomies. Mes regards se portent sur un homme, un seul; je le reconnais: c'est le sergent Samba Sall. Il est là, debout, à moitié nu, à peine couvert d'un lambeau d'étoffe. « C'est toi, Samba Sall? — Oui, mon commissaire. — Et Monsieur Bretonnet? — Ah! tous sont morts!... »

C'est par cette phrase que nous fûmes accueillis. Le bateau accoste; je fais monter le malheureux à bord. Il se tient à peine

L'EMPIRE DE RABAH.

debout ; je le fais asseoir et je m'aperçois que son bras gauche pend lamentablement. Une balle lui a cassé l'os. Il a faim, on lui donne à manger et avidement nous l'interrogeons. Le pauvre homme, encore sous le coup des émotions terribles qu'il a supportées et des fatigues qu'il a endurées, a peine à se remettre. Il parle enfin, et nous fait le récit du malheureux drame auquel il vient d'assister.

Bretonnet, ainsi qu'il l'annonçait, avait fait évacuer Kouno, pour occuper les collines de Togbao. Ces collines, hautes au maximum de 100 à 150 mètres au-dessus du fleuve, sont assez difficilement accessibles. Elles se composent de deux sommets principaux, séparés par un étroit défilé et de deux autres petites collines voisines commandées par les deux points culminants A et B (1). Un tata en palanques est occupé par les Baguirmiens et le lieutenant Durand-Autier, avec dix hommes et une pièce de 4. Le défilé entre A et B est défendu par les gens du « M'baroma », chef baguirmien. Bretonnet avec trente hommes, deux pièces de canon, le lieutenant Braun et le maréchal des logis Martin, sont installés sur les sommets C et D.

L'ennemi est signalé le 17 juillet vers 8 heures du matin. Rabah en personne dirige l'action. Il compte sous ses ordres treize bannières, soit un effectif de deux mille sept cents fusils et environ dix mille auxiliaires arabes ou bornouans, armés de lances et de flèches. Il esquisse une première attaque de front qui est repoussée vigoureusement.

Il réunit son monde, fait mettre pied à terre à ses cavaliers et lance de nouveau la moitié de ses soldats à l'assaut des positions occupées par les nôtres. Pendant ce temps, un autre groupe tournait la position pour s'emparer du défilé.

A la première attaque, le lieutenant Braun avait été tué raide ; le maréchal des logis Martin le remplaça. Bretonnet reçut alors une balle en pleine poitrine. On le coucha le dos appuyé contre une mallette en fer et il continua à diriger la défense. Sentant ses forces s'en aller, il demanda alors du papier et un crayon.

(1) Voir le plan aux Notes et éclaircissements. (Note 6 bis).

MORT DE BRETONNET AU COMBAT DE TOGBAO, AOUT 1899.

MORT DE BRETONNET.

Il écrivit au lieutenant Durand-Autier de le rejoindre immédiatement avec ses dix hommes et de le remplacer. A ce moment la deuxième attaque de front était repoussée, mais malheureusement le mouvement tournant de l'ennemi avait réussi. Les Baguirmiens, affolés et mal commandés, s'enfuirent au premier choc et le défilé fut pris. Dès ce moment, Rabah avait la victoire. Maîtres du défilé, les ennemis escaladèrent les deux sommets principaux et ouvrirent un feu plongeant sur nos Sénégalais. Bretonnet reçut une deuxième blessure, mortelle. Peu à peu les Sénégalais tombaient, le maréchal des logis Martin était tué. Les Baguirmiens s'enfuirent. Gaourang, qui

M. BRUEL.
(PHOTOGRAPHIE BOYER).

avait combattu avec nous jusqu'au dernier moment, faillit être pris ; il s'en tira avec deux blessures au bras. Quant au lieutenant Durand-Autier, surpris par les masses ennemies au moment où il s'apprêtait à rejoindre son chef, il fut entouré en un instant et tué avec tous ses hommes.

M. Pouret, un jeune homme de vingt ans, tomba aussi à son poste. Un à un, les valeureux défenseurs du plateau disparaissaient et, quand il n'y en eut plus un seul capable de tirer un coup de fusil, l'ennemi seulement osa donner l'assaut final.

Sur les cinq Européens, les deux Arabes et les quarante-quatre Sénégalais, qui avaient soutenu cette lutte héroïque, il ne restait que trois hommes vivants. Encore étaient-ils blessés. Tous les autres étaient morts en dignes fils de France, à leur poste, sans reculer d'une semelle. Ah ! certes, la race qui fournit de tels hommes n'est pas dégénérée et elle a le droit d'envisager

L'EMPIRE DE RABAH.

MM. ROUSSET ET PRINS.

l'avenir avec confiance. Les trois survivants Sénégalais furent immédiatement conduits devant Rabah. Son premier soin fut de leur demander où étaient leurs compagnons. « Tous ceux qui t'ont combattu, lui répondit Samba Sall, sont sur la colline ; pas un de nous n'a fui, il ne reste que nous trois qui sommes blessés. — Combien étiez-vous donc en tout ? — Cinq blancs, deux Arabes et quarante-quatre Sénégalais. — Ce n'est pas vrai, tu mens, il n'est pas possible que vous ayez osé me combattre avec si peu de monde, tu mens, tu mens. » Et en disant ces mots, Rabah était ivre de fureur. Sa colère était compréhensible, car de son côté il avait plus d'un millier d'hommes hors de combat ; son fils Niébé avait la jambe cassée par une balle. Il répugnait à son orgueil de penser qu'un si petit nombre d'hommes lui avait infligé de telles pertes.

Il finit cependant par se calmer peu à peu, et ne pouvant se défendre d'un sentiment d'admiration pour ses vaillants adver-

SAMBA SALL.

LE POSTE DE FORT-ARCHAMBAULT, CONSTRUIT HÂTIVEMENT PAR LE CAPITAINE JULLIEN EN PRÉVISION D'UNE ATTAQUE DE RABAH.

saires, il proposa aux trois survivants d'entrer à son service. Celui qui servait d'interprète entre Rabah et Samba Sall était un des Sénégalais de Crampel. Il conseilla à Samba Sall de faire une réponse dilatoire. C'est ce qui le sauva. Rabah donna l'ordre de le garder à vue, lui et ses deux compagnons et il fit procéder à l'inhumation des morts. Les esclaves n'ayant pas droit à la sépulture, Rabah mit trois jours pour enterrer les hommes libres, après quoi il regagna Kouno.

Samba Sall, malgré son bras cassé, n'avait qu'une idée, la fuite. Il fit part de son dessein à ses deux compagnons, qui, trop malades, lui répondirent qu'ils ne pouvaient le suivre. Étroitement surveillé par une sentinelle attachée à sa personne, il prétexta un jour un besoin naturel pour s'isoler et se sauver. Sa blessure le faisait cruellement souffrir. Pendant près d'un mois, il erra dans la brousse, sans vivres, sans vêtements; il réussit enfin, après des péripéties sans nombre, à atteindre le village de Gaoura où nous le rencontrâmes. Voilà ce que peuvent faire et ce que font tous les jours ces Sénégalais, à qui nous devons la conquête d'une partie de notre empire Africain. On conviendra aisément que la croix d'honneur, qui fut donnée par la suite au sergent Samba Sall, était largement gagnée.

Ainsi donc, c'était fini : le drame s'était accompli. Nous ne reverrions plus aucun des nôtres. Que faire? Avant tout, éviter l'emballement qui est le pire des conseillers, et examiner froidement la situation.

Rabah était à Kouno, à une centaine de kilomètres de nous. Grisé par sa facile victoire qui avait produit une impression considérable sur les indigènes, il était à craindre qu'il ne tentât un nouvel effort contre nous et ne vînt nous attaquer avant l'arrivée de nouveaux renforts.

Il fallait se tenir en garde contre une surprise. En mettant les choses au pire, on avait au moins six jours devant soi pour se fortifier solidement. Je choisis en conséquence l'emplacement d'un poste et je donnai l'ordre au capitaine Robillot, commandant les troupes, de faire débarquer la compagnie Jullien, les deux pièces de 65 millimètres et les artilleurs, soit en tout cent vingt-huit fusils, et de commencer de suite la construction d'un blockhaus et d'un camp palissadé qui reçut le nom de Fort-Archambault, en souvenir d'un jeune officier de la compagnie Jullien, mort dans le Haut Oubangui.

Il était urgent d'amener de suite de nouveaux renforts au point occupé par Robillot; d'autre part il ne fallait pas trop dégarnir la région civile commandée par M. Bruel, car on pouvait appréhender très bien une attaque de Senoussi sur le poste de Gribingui.

Il y avait lieu dans tous les cas d'opérer très vite. C'est pourquoi, je rembarquai sur le vapeur, le 19 août au soir, avec de Mostuejouls; veillant à tour de rôle, nous pouvions effectuer notre montée jusqu'à Gribingui en cent soixante heures, dont cent trente de marche réelle; les trente autres heures furent

PRÉPARATIFS D'ATTAQUE.

TIR DU CANON À FORT-ARCHAMBAULT.

employées à faire du bois. La compagnie de Cointet se trouvait déjà réunie au poste.

Je la renforçai avec une partie des hommes de la compagnie de Lamothe et je l'envoyai aux ordres du capitaine Robillot. A la date du 9 septembre, ce dernier disposait par suite de six officiers, deux sous-officiers, un brigadier, un ouvrier d'artillerie et deux cent soixante et onze fusils. Solidement retranché dans un camp construit par les soins du capitaine Jullien, il pouvait défier toute attaque et j'étais tranquille de ce côté. Malheureusement, il n'en n'était pas de même pour le Gribingui où, par mesure de sécurité, j'étais obligé de maintenir cinquante hommes de la compagnie de Lamothe, attendant toujours, mais en vain, des renforts que j'avais réclamés au Haut Oubangui, qu'on ne voulait pas m'envoyer et qui n'arrivèrent, malgré les ordres les plus formels du Commissaire général, M. de Lamothe, que six mois plus tard, de sorte qu'ils ne purent même pas prendre part aux divers combats qui furent livrés par la suite.

Le mois de septembre se passa tout entier à réunir au poste

de Gribingui tout notre matériel, principalement l'artillerie et les munitions... Nous avions, outre les deux pièces de 65 millimètres de débarquement déjà à Fort-Archambault, quatre pièces de 80 millimètres de montagne fortement approvisionnées en obus à balles et en obus à mélinite. Par malheur, nos gargousses étaient arrivées en mauvais état. Il fallut donc en confectionner d'autres, avec une poudre plus vive, dont les qualités balistiques ne nous étaient pas connues. De plus les hausses manquaient ; le maréchal des logis Delpierre en fabriqua deux en bois très dur et je les graduai.

La concentration de notre matériel s'opérait avec la plus grande régularité, grâce à l'activité de MM. Bruel, Rousset, Perdrizet, Pinel, etc..., qui se dépensèrent sans compter. Il ne me restait plus qu'à me préoccuper d'une chose, de l'attitude qu'allait prendre Senoussi dans les circonstances présentes.

M. Mercuri, le second de M. de Béhagle, se trouvait, je l'ai dit, installé dans sa capitale, à N'Dellé, où il avait fondé une factorerie. Je le mis au courant de tout ce qui venait de se produire, de la mort de Bretonnet, de la captivité de Béhagle, en l'engageant à prendre toutes les précautions possibles pour sa sécurité.

Il se trouva qu'à ce moment Senoussi redoutait, pour lui-même, une invasion possible de la part du Ouadaï. Il me fit part de ses craintes et m'envoya une lettre de condoléances au sujet de la mort de Bretonnet.

Je devins par suite un peu plus maître de mes mouvements et je pus faire mes préparatifs de départ.

En diminuant d'une façon intensive les deux postes de la Kémo et de Krebedjé, on put réunir soixante-cinq fusils à Gribingui. C'était réellement trop peu. Mais comme je comptais toujours que le Haut Oubangui nous enverrait les renforts que M. Bruel était allé chercher, je ne m'inquiétai pas outre mesure et, le 12 octobre, je me mis en route avec le capitaine de Lamothe et les cinquante hommes de sa compagnie. Le 17, nous étions tous réunis à Fort-Archambault.

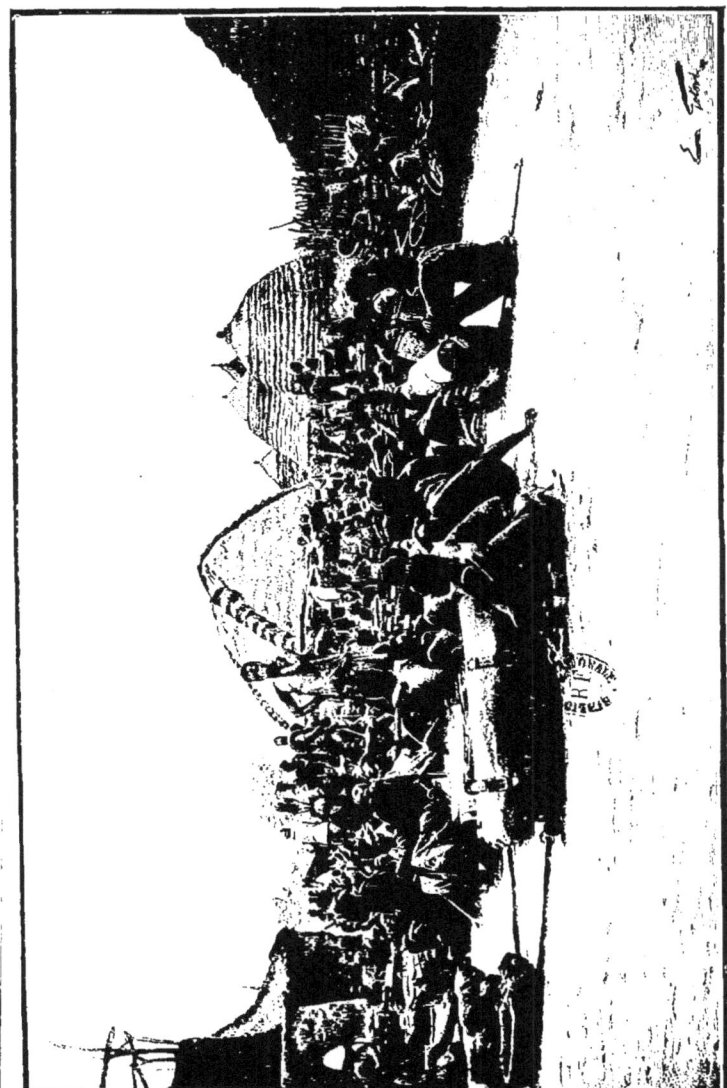

LE POSTE DE FORT-ARCHAMBAULT PENDANT NOS PRÉPARATIFS DE DÉPART POUR KOUNO.

A FORT-ARCHAMBAULT.

PAYSAGE DES ENVIRONS DU BAHR-SARA.

Pendant mon absence, on avait travaillé ferme au nouveau poste, qui était formidable d'aspect. Au centre, une termitière creusée avait constitué un magasin à munitions. Au-dessus de ce magasin s'élevait une plate-forme soigneusement damée, où les deux pièces de 65 millimètres étaient en batterie. Une palissade, haute d'un mètre cinquante environ, entourait le camp. A l'intérieur, un matelas de terre battue, rejeté contre les pieux de la palissade, pouvait mettre nos tirailleurs à l'abri du feu de l'ennemi. Extérieurement, un fossé profond rendait un assaut presque impossible, d'autant que sur une vingtaine de mètres environ autour des palanques, des piquets très pointus, fortement enfoncés dans le sol, ne permettaient à qui que ce fût d'atteindre l'enceinte sans se blesser horriblement. Bref, nous occupions une position pour ainsi dire imprenable.

La construction de Fort-Archambault ne fut pas l'unique préoccupation du capitaine Robillot et du capitaine Jullien. On chercha à savoir où était Gaourang et à entrer en communications avec lui. Malheureusement, la chose n'était pas facile. Les Tounias, indigènes voisins du fort, ne se souciaient pas beaucoup de servir de courriers. Ils avaient trop peur d'être faits prisonniers par Gaye, un des chefs Nyellims, alliés de Rabah. Il fallait donc infliger une première correction à ce Gaye. Ce fut le capitaine Jullien qui en fut chargé. Son village principal fut enlevé à la baïonnette au point du jour, et après avoir perdu pas mal de monde, il fut obligé de se réfugier près de Rabah.

Malgré cela, nous ne fûmes guère plus avancés au sujet de Gaourang. On prétendait qu'il s'était sauvé du côté de Laï, sur le Logone, et que Boubakar, le premier lieutenant de Rabah, était chargé de le surveiller. C'est ce que disaient du moins ceux des Baguirmiens qui, après le combat de Togbao, s'étaient réfugiés à Fort-Archambault. Triste engeance en vérité que ces Baguirmiens ! Après avoir honteusement abandonné Bretonnet qui mourait pour eux, ils n'avaient qu'une chose en vue, maintenant qu'ils étaient en sûreté, c'était de piller les malheureux indigènes de Gaoura, auprès desquels ils avaient trouvé l'hospitalité.

J'ai dit que nous étions tous réunis à Fort-Archambault le 17 octobre. Rabah, toujours à Kouno, s'y était solidement fortifié. La distance qui séparait Kouno de Fort-Archambault était d'un peu plus de cent kilomètres. Au dire des indigènes, la route qui y conduisait était assez bonne ; mais le Bahr-Sara, qui coulait entre ces deux points, opposait à la marche d'une colonne un obstacle assez sérieux.

Comme on ne pouvait pas s'éterniser davantage dans une inaction qui aurait été mal appréciée par les indigènes, je décidai le départ et je rédigeai un ordre prescrivant au capitaine Robillot de marcher immédiatement contre Rabah et de venger les nôtres tombés glorieusement à Togbao.

V

Marche contre Rabah. — Combat de Kouno. — Ses suites. — 46 tués et 106 blessés sur 344 combattants. — Jonction avec les Baguirmiens conduits par Gaourang. — La mission Voulet. — Le capitaine Joalland et le lieutenant Meynier. — La mission Foureau-Lamy.

Avant de faire le récit de notre marche sur Kouno, où nous devions livrer un sanglant combat aux bandes de Rabah, il convient de mettre le lecteur au courant de certains faits qui lui feront nettement comprendre le programme que nous poursuivions et la méthode qui a amené sa réalisation.

Nous devions atteindre le Tchad. Non pas certes pour le simple plaisir d'y arriver, c'était d'ailleurs déjà chose faite. Mais surtout parce que le grand lac était le lieu de rendez-vous qui nous était fixé avec une autre mission, celle dirigée par le capitaine Voulet, et qui, partie du Soudan, devait, longeant la frontière franco-anglaise, nous rejoindre sur les rives du Tchad et se mettre à notre disposition.

Les instructions qui m'avaient été données à mon départ de France me confiaient tous les pouvoirs avec la qualité de Commissaire du gouvernement. Après avoir reconnu la nécessité de protéger le sultan Gaourang par tous les moyens en notre pouvoir, et par suite l'éventualité d'une action contre Rabah, ces instructions mettaient à ma disposition tout le personnel envoyé sur les lieux, et définissaient le véritable but visé par le Gouvernement, à savoir, l'occupation des territoires du Tchad, œuvre à la fois politique et militaire.

D'autre part, une troisième expédition, la mission Foureau-

Lamy, qui était partie de l'Algérie, se dirigeait aussi vers Zinder. Il était possible qu'elle fît sa jonction avec nous ; mais, au moment où nous nous préparions à marcher sur Kouno, la chose n'était encore qu'à l'état de probabilité. Notre objectif immédiat était notre réunion avec la mission Voulet, passée sous les ordres du lieutenant-colonel Klobb.[1]

LE CAPITAINE ROBILLOT.

Mais pour cela, il fallait se débarrasser de Rabah. L'ordre de départ est donné le 23 octobre. Les compagnies de Cointet et de Lamothe se mettent en route par la voie de terre, sous le commandement du capitaine Robillot. Un détachement de 20 hommes seulement est laissé à la garde de Fort-Archambault avec le maréchal des logis Baugnies, assisté de l'interprète arabe Redjem-ben-Zaïd.

J'embarque pour ma part à bord du vapeur où se trouvent avec moi M. de Mostuejouls, commandant la flottille, M. Perdrizet, le docteur Ascornet, le

---

[1]. Au mois d'août, au moment où je commençais la concentration du personnel et du matériel sur Fort-Archambault, j'avais reçu une dépêche ministérielle ainsi conçue :

« Colonel Klobb désigné pour remplacer Voulet dans le commandement de mission, lui ai confirmé précédentes instructions. Son action Est Tchad, notamment Ouadaï, devra être conforme à vos vues et ne l'exécuter que par vos ordres. Si vous l'employez, lui devrez vivres et approvisionnements nécessaires. »

Sur le moment, la lecture de cette dépêche ne me frappa pas énormément. Je pensai seulement que le Gouvernement, ayant augmenté les effectifs de la mission Voulet, en avait confié le commandement à un lieutenant-colonel.

MARCHE SUR KOUNO.

second-maître mécanicien Brugel et la compagnie Jullien. Le grand chaland est à la remorque et contient les deux pièces de 80 millimètres et une pièce de 65 millimètres de débarquement. L'artillerie de la flottille se compose d'un canon à tir rapide de 37 millimètres et d'un canon Hotchkiss à cinq tubes du même calibre.

En principe, la flottille doit suivre la colonne de terre, de façon que tout le monde puisse camper au même endroit. Mais, par exception et pour la première journée, l'étape fixée est Ordjera, au confluent du Bahr-Sara et du Chari. On y signale des cavaliers de Rabah. Il faut donc occuper ce point solidement pour que le passage du Bahr-Sara, large de 3 à 400 mètres, puisse s'effectuer sans incident. A onze heures, nous atteignons le point réputé dangereux; il n'y a personne sur les rives; la compagnie Jullien débarque aussitôt et prend ses dispositions de combat. Pendant ce temps, nous remontons à quelques kilomètres plus haut, pour opérer le transbordement des troupes venant par terre.

LE MARÉCHAL DES LOGIS BAUGNIES.

Elles ne tardent pas à arriver; mais tout le monde est trempé jusqu'aux os; toutes les rivières sont débordées, les herbes très hautes. Le trajet, me dit Robillot, est des plus fatigants, d'autant que les guides que l'on s'est procurés parmi les Baguirmiens, pris d'une peur intense, ont complètement perdu la tête. Ils ne reconnaissent plus leur chemin. On est obligé d'en renvoyer quelques-uns, dont on ne peut rien tirer. Ils nous quittent avec une joie sans mélange.

Il ne reste avec nous qu'une douzaine d'individus armés de

lances qui viennent, attirés par l'espoir du pillage. On s'en servira comme pourvoyeurs de munitions pendant le combat. Ils ne s'en doutent certainement pas.

Le passage du Bahr-Sara s'opère sans encombre. A quatre heures du soir, tout le monde est groupé à Ordjera. Le 24 au matin, on se remet en route; la colonne ne peut se maintenir le long des rives, car à chaque instant elle se jette dans quelque mare d'inondation, et elle doit la contourner, ce qui lui cause une grande perte de temps et un surcroît de fatigues. Aussi ne tardons-nous pas à la perdre de vue, et le lendemain nous campons séparément. Les rives du fleuve semblent désertes;

LE DOCTEUR ASCORNET.

pas une âme dans les quelques villages de pêche que nous rencontrons; mais cette solitude n'est qu'apparente, car au fur et à mesure que nous avançons, des feux tout préparés s'allument derrière nous. Évidemment on signale notre passage. Le troisième jour, vers midi, nous apercevons de nouveau les nôtres dans la brousse. Ils sont littéralement éreintés. Ils marchent près de dix heures par jour, sans trouver un sentier battu, au milieu des herbes. Nous déjeunons ensemble et, après un peu de repos, nous nous remettons en route. Nous sommes tout près de l'ancien village où habitait Gaye lors de mon premier voyage. On n'aperçoit personne, sinon, à un moment donné, deux indigènes se dissimulant dans les herbes et surveillant nos mouvements. On essaie de les prendre, mais ils disparaissent bien vite.

L'ARRIÈRE DU GRAND CHALAND.

MARCHE SUR KOUNO.

VILLAGE NYELLIM PRÈS DU BAHR-SARA.

Au soir, on se décide à camper sur une colline qu'on aperçoit à quelque distance. Mais, entre cette colline et le point où l'on était arrêté, il y a une rivière profonde. On est obligé de transborder tout le personnel avec le chaland. Quelle besogne ! A deux heures du matin seulement elle est terminée.

Le quatrième jour, on se perd de nouveau pendant toute la journée ; mais, vers quatre heures, nos hommes débouchent malgré tout sur la rive. A quelques kilomètres de là se dressent les collines de Togbao ; on les voit dominant la plaine, et involontairement chacun songe au terrible drame qui s'est déroulé là trois mois plus tôt. Si Rabah a eu la précaution de les occuper, il en coûtera bon pour franchir le défilé. On va s'en assurer. Je prends à bord la compagnie de Cointet et nous nous dirigeons vers le point d'atterrissage. Il n'y a heureusement aucun ennemi. Le défilé est occupé par nous et à huit heures du soir les deux autres compagnies rejoignent.

L'EMPIRE DE RABAH.

MONTAGNE DE NYELLIM DEVANT TOGBAO, OÙ SE PASSA LE COMBAT DU MOIS D'AOUT 1899.

Nous voilà donc à une vingtaine de kilomètres de notre ennemi. C'est là que sont tombés les nôtres. On allume des torches et à leur lueur on va reconnaître le terrain. Le tata occupé par les Baguirmiens, lors de la journée de Togbao, est encore en bon état. Çà et là, des ossements et des squelettes blanchis reposent sur le sol. Quelques étuis de cartouches, quelques mallettes en bois cassées, les rigoles creusées autour des tentes, c'est tout ce qui reste pour témoigner qu'une bataille a eu lieu en cet endroit.

On me dit que les Nyellims et leur chef Togbao sont dans leur village, mais ils ne se décident pas à venir. J'avoue que cette attitude me surprend. Togbao est l'ennemi de Gaye, qui est l'ami de Rabah; il devrait donc être pour nous, d'autant qu'il me connaît et qu'un de ses hommes est remonté avec moi au Gribingui en 1897. Je lui ai même fait cadeau d'un fusil à piston.

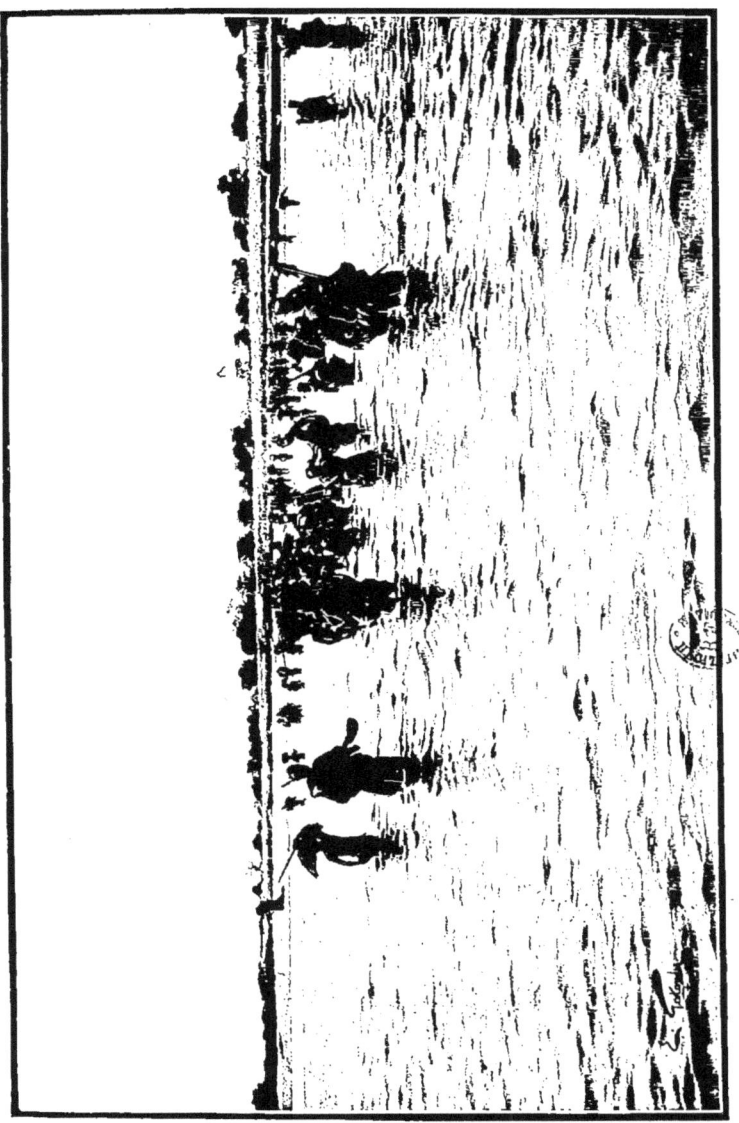

EN ROUTE POUR KOUNO. — PASSAGE A GUÉ DU CHARI.

MARCHE SUR KOUNO.

Il doit évidemment avoir quelque chose à se reprocher, car nous ne le voyons pas paraître. Ah ! oui, il a quelque chose à se reprocher ; mais nous ne l'apprîmes que plus tard.

C'est lui qui a achevé l'interprète Hassen lors du combat de Togbao. Le malheureux, blessé, avait pu réussir à se dissimuler derrière les rochers ; mais cela ne lui servit de rien. Les Nyellim l'ayant trouvé le tuèrent froidement.

La nuit se faisait épaisse ; les silhouettes des montagnes apparaissaient plus noires ; on aurait dit des amas de roches amoncelées pêle-mêle par des géants. Le lieu semblait sinistre. Assis à côté des feux, tous réunis, nous devisons du passé et nous faisons nos projets pour le combat que nous pensons devoir être livré le lendemain.

Le capitaine Robillot, qui a le commandement des troupes, convient avec moi des signaux à faire entre lui et la flottille dont, pour la circonstance, j'ai pris le commandement ; après quoi nous dînons. On vide même les deux dernières bouteilles de champagne et l'on s'endort...

Le lendemain dès l'aube, tout le monde est debout. Robillot fait changer l'ordre de marche des jours précédents, car, d'après les indications de Samba Sall, dans trois ou quatre heures nous serons à Kouno.

Trois ou quatre heures : on voit bien vite qu'elles seront dépassées et de beaucoup. Il est vrai qu'on ne suit pas la route frayée, mais qu'on longe la rive, ce qui augmente énormément la longueur et les difficultés du trajet. Bref, c'est encore une journée éreintante. A quatre heures du soir seulement, nous nous rejoignons. La colonne est arrêtée par une rivière. Elle la traverse grâce au chaland et elle campe de l'autre côté. Seules deux pirogues apparaissent sur le fleuve et s'enfuient aussitôt.

Nous passons la nuit le plus tranquillement du monde sans être dérangés... et, chose extraordinaire, nous étions à peine à quelques kilomètres de Kouno.

A six heures, on se remet en route. Une pointe de terre nous empêche de distinguer la ville. On accoste le vapeur et les trois

L'EMPIRE DE RABAH.

TYPES DE FEMMES NYELLIMS.

pièces de canon débarquent avec leur personnel d'artilleurs Tout cela se fait presque sous le nez de l'ennemi, qui ne tente même pas de s'y opposer.

La vérité, je l'ai sue plus tard, c'est que Rabah était prévenu seulement de l'arrivée du vapeur, qu'il supposait contenir toutes nos forces. Il ne se doutait pas du tout qu'une troupe importante venait par terre, et cela très vraisemblablement, parce que la colonne n'avait pas pris le chemin habituel, mais avait marché à travers la brousse.

A neuf heures du matin, le vapeur était en vue de l'ennemi. Un immense banc de sable nous séparait d'une falaise haute de quelques mètres, sur laquelle se détachaient les hommes de Rabah.

Le soleil était dans tout son éclat. Nous distinguions très nettement les formations de l'ennemi.

A la tête des diverses unités appelées *birecks* se tenaient les

EN ROUTE POUR KOUNO. — LES BORDS DU CHARI SUR LE PASSAGE DE LA COLONNE.

COMBAT DE KOUNO.

A LA MONTAGNE DE NYELLIM, LES CHARGES PRÊTES POUR LE DÉPART.

chefs, tous vêtus de blanc. Un turban de même couleur leur entourait la tête. Une cartouchière ceignait leurs reins. Brandissant leur fusil, les chefs semblaient haranguer leurs hommes et les encourager au combat.

Le branle-bas de combat est fait depuis longtemps sur le vapeur ; M. Perdrizet pointe le canon à tir rapide du *Léon-Blot*, de Mostuejouls celui du chaland ; le second-maître Brugel a, en même temps que la surveillance de sa machine, la direction de la mousqueterie. Moi, je m'occupe de l'ensemble et de la manœuvre.

A neuf heures précises, la flottille ouvre le feu avec ses deux canons, et presque au même instant l'artillerie de la colonne, qui a été mise en batterie à quinze cents mètres, sur une dune de sable, envoie ses premiers coups. L'ennemi, surpris par cette double attaque, ne tarde pas à répondre.

Une des deux bannières de Rabah, celle d'Othman Cheiko, et

L'EMPIRE DE RABAH.

une autre avec une pièce de canon, ripostent au feu du vapeur, pendant que les dix autres bannières et deux pièces de canon font face à l'attaque par terre. Le capitaine Robillot a placé ses trois compagnies en échelon, la première en tête, la troisième en réserve.

UNE DES PORTES DU TATA DE KOUNO.

Nos troupes s'avancent lentement ; le terrain n'est malheureusement pas assez découvert, de sorte qu'il devient difficile de trouver un emplacement pour mettre les pièces en batterie. L'ennemi, qui a placé des tireurs dans les arbres, nous tue pas mal de monde. On approche cependant peu à peu des cases que l'on distingue nettement. Kouno est plutôt un campement qu'une ville. Aucune fortification apparente n'existe.

Sur la gauche de nos troupes, dans une sorte de bas-fond, Rabah a placé des tirailleurs qui ripostent très bien au feu des nôtres. Derrière ces tirailleurs, se massent des groupes plus importants qui surgissent tout d'un coup. Une fusillade intense se fait entendre. Nos feux de salve y répondent vigoureusement.

Mais cela ne peut durer longtemps ainsi, car nos troupes commencent à souffrir du feu de l'ennemi. De plus, son tir d'artillerie, bien réglé, a déjà couché par terre une demi-section de la troisième compagnie.

Le capitaine Robillot donne l'ordre de mettre baïonnette au canon et de se précipiter sur les masses ennemies. Celles-ci, dépourvues d'armes blanches, ne peuvent soutenir le choc et se replient précipitamment dans la ville, serrées de près par les nôtres qui atteignent rapidement le premier groupe de cases,

COMBAT DE KOUNO.

VUE DU TATA DE KOUNO.

auquel le Sénégalais Momar Gaye, de la première compagnie, met le feu. Un formidable incendie éclate alors; les cases brûlent avec rapidité. Les chevaux, les bestiaux qu'on y a renfermés se sauvent et courent au milieu des flammes. A l'abri des maisons, non encore atteintes par le feu, nos tirailleurs s'avancent. Leurs feux de salve, très méthodiquement exécutés, répondent au feu des Rabistes, très irrégulier, mais fort intense.

Tout d'un coup, on arrive devant un tata, que jusque-là on n'avait pas aperçu. L'ennemi tout entier y est rassemblé et à l'abri des palanques de rosniers [1] qui le constituent, les soldats de Rabah tirent sans interruption; une seule pièce d'artillerie, qu'on sort de temps en temps, répond par intervalles au feu rapide de nos pièces qui sont à peine à cent mètres de l'ouvrage.

On entend le craquement spécial des obus à mélinite qui éclatent. Il est alors près de midi Pendant que la colonne de

1. Tronc du palmier borassus ou flabelliforme.

terre avançait ainsi, nous continuions le feu à bord du vapeur, qui était, lui aussi, le point de mire de l'ennemi. Un obus tomba si près que nous fûmes tout couverts d'eau ; mais la mobilité du but empêchant la rectification du tir, la plupart des projectiles tombaient ou trop bas ou trop haut, c'est-à-dire dans le banc de sable ou dans l'eau, où ils s'enfonçaient sans éclater. Le tir de la mousqueterie au contraire était plus efficace, et si le navire n'avait été protégé par des plaques d'acier, il y a grande probabilité que nous aurions eu beaucoup de monde atteint.

Jusqu'à midi nous n'eûmes personne de touché, sinon mon cuisinier Louis, qui reçut une balle dans la jambe. A ce moment, du côté de l'ennemi, il y avait du flottement. Un fort parti de tirailleurs était revenu sur la falaise et nous criblait de balles ; derrière lui, on apercevait très nettement des masses nombreuses qui semblaient fuir[2]. C'étaient en effet des fuyards. Nous tirons à force sur ces masses ; le tir est très bien réglé et produit beaucoup d'effet.

On voit les petits obus éclater au beau milieu des groupes. Notre vigie, un Pahouin placé sur la toiture, nous signale les points de chute. Le chef de la bande qui tirait sur nous tombe bientôt, atteint par un obus de canon-revolver ; nous le voyons s'adosser à un arbre, entouré par ses soldats qui s'empressent. Un deuxième coup le frappe de nouveau et nous le voyons s'incliner par terre, sans mouvement. Nous sûmes plus tard que c'était Othman Cheiko, le gouverneur de Koussouri.

Sans chef, les tirailleurs ennemis se replient, la masse des fuyards augmente. Nous nous lançons après elle pour l'accabler de notre feu, quand un signal convenu nous rappelle à notre poste. On a besoin de munitions. J'en renvoie. Il est midi et demi. Les feux de salve se succèdent avec rapidité ; les obus éclatent, l'ennemi répond vigoureusement ; puis peu à peu, son feu s'éteint presque complètement.

J'entends sonner la charge. On aperçoit les baïonnettes qui

---

2. Un prisonnier que nous fîmes nous raconta même que Rabah avait pris la fuite. Cette nouvelle n'était pas exacte.

EN TIRAILLEURS, DERRIÈRE LES CASES DE KOUNO EN FEU.

COMBAT DE KOUNO.

MORT DU MARÉCHAL DES LOGIS DE POSSEL-DEYDIER À L'ASSAUT DE KOUNO.
DESSIN DE MADAME PAULE CHAMPEL.

scintillent au soleil. Ce sont les nôtres qui donnent l'assaut. La première compagnie est en tête, la deuxième doit la soutenir et la troisième est en réserve.

En un instant nos vaillants tirailleurs sont sur les palissades; mais un feu d'enfer les accueille. Rabah, qui n'a plus

L'EMPIRE DE RABAH.

LE LIEUTENANT GALLAND.

autour de lui que quelques centaines d'hommes décidés à mourir à ses côtés, a réservé son feu. Les pieux sont trop élevés pour qu'on puisse les escalader. Le maréchal des logis de Possel-Deydier, en tête de sa section, se précipite et, prenant un de ces énormes madriers à pleines mains, il essaye de l'ébranler. C'est en vain, l'ouvrage est trop solide. Deux balles l'atteignent. Quatre hommes sont tués autour de son corps, que le lieutenant Galland finit par emporter. On se replie un peu en arrière, à l'abri des cases. Le capitaine Jullien rallie ses hommes, sans hâte, sans précipitation et le feu recommence. L'artillerie, qui a été servie par un sous-officier nommé Delpierre, le brigadier Intès et le canonnier Guégan, manœuvre comme à l'exercice. Elle se maintient à soixante-dix mètres de la place et par son feu intense empêche toute tentative de sortie de l'ennemi.

Le combat continue ainsi jusqu'à trois heures. L'ennemi s'obstine à ne plus vouloir sortir. On sent qu'il se cantonne à l'abri de ses palissades; son moral est très affaibli. Ses pertes sont

COMBAT DE KOUNO.

LE BRIGADIER INTÈS, LE MARÉCHAL DES LOGIS LEVASSOR, LE CANONNIER GUÉGAN
AUTOUR D'UN DE NOS CANONS DE 65 MILLIMÈTRES.

considérables. Outre Othman Cheiko sont tombés Faki Ahmed Ould Ibrahim, puis Boubakar, le plus vaillant des chefs de Rabah, celui qu'il estime le plus ; la plus grande partie de son monde est en fuite et les nombreux cadavres qui restent sur le terrain montrent au conquérant noir que décidément la victoire ne peut être à lui. Ni le vapeur, ni la tête de Robillot, ni la mienne, ne lui serviront de trophées. Aussi, quand Boubakar, blessé à mort, lui propose de tenter une dernière sortie, se contente-t-il de lui montrer les corps qui l'entourent en lui disant : « Vois cela et dis-moi si c'est possible ».

De notre côté, hélas ! les pertes sont sensibles : le maréchal des logis de Possel tué, le lieutenant Galland, le capitaine de Lamothe, le sergent Cathala légèrement contusionnés ; le lieutenant Kieffer a le bras traversé, le capitaine Robillot est sérieusement blessé. En outre une trentaine de Sénégalais sont tués, une centaine blessés. J'ai dû me démunir de presque tout le personnel du vapeur pour ramasser les blessés et pour compenser un peu les pertes. Les deux canons de quatre-vingts millimètres qui tirent avec une poudre trop vive ont faussé leurs affûts, de telle sorte que le pointage devient impossible.

A quatre heures et demie, il devient évident que l'on ne pourra pas enlever le tata d'assaut. Aussi décide-t-on de se replier sur le banc de sable à proximité du vapeur. Le mouvement s'effectue avec une méthode remarquable, absolument comme à l'exercice. L'ennemi, très démoralisé, ne tente même pas une sortie. Il sait trop bien qu'en rase campagne il serait perdu. A cinq heures, tout le monde est rassemblé, sur le banc de sable, à huit cents mètres environ de l'ennemi. On prend les dispositions de combat pour la nuit et chacun s'apprête à se reposer.

LE CAPITAINE DE LAMOTHE.

On avait bien besoin de ce repos, après huit heures de combat ininterrompu, sous un soleil de feu, sans manger, presque sans boire.

Ah ! quels officiers admirables et quels soldats il y avait à Kouno ! Tous sont à citer sans en excepter un seul. C'est d'abord Robillot, splendide dans son uniforme de flanelle blanche, aux galons d'or, blessé et perdant des flots de sang, qui ne songe même pas à se faire panser et continue à diriger le combat ; puis Jullien, de Cointet, de Lamothe, qui accomplissent des prodiges de bravoure ; Kieffer blessé, qui ne cesse pas de se battre ; Galland, dont j'ai raconté les hauts faits. Et à côté d'eux, froidement intrépide, notre excellent médecin, le docteur Allain, constamment sur la ligne de feu, pansant tous les blessés avec un soin infini. Son infirmier est tué à ses côtés ; il ne s'émeut pas et continue sa tâche, sans se soucier des balles qui tombent autour de lui. Et eux aussi, les sous-officiers et

COMBAT DE KOUNO.

les artilleurs ne doivent pas être oubliés : le brave de Possel tombant en héros, le sergent Cathala, le maréchal des logis Levassor, Delpierre, Intès, Guégan, qui secondent leurs officiers et se révèlent des braves.

Pas plus qu'eux ne doivent être passés sous silence tous ces tirailleurs sénégalais, qui, héroïquement, stoïquement, à la voix de leurs chefs, se lancent dans la fournaise et meurent en accomplissant leur devoir. Enfin, je ne voudrais pas oublier les marins de la flottille, les agents civils tels que Mostuejouls et Perdrizet, le second maître Brugel et le docteur Ascornet, qui tous surent se montrer à la hauteur de leur tâche et rivaliser d'ardeur avec leurs camarades combattant à terre.

LE LIEUTENANT KIEFFER.

Quelle rude journée! sur trois cent quarante-quatre hommes en ligne, tant des troupes que de la flottille, nous avions exactement quarante-six tués et cent six blessés !

C'est quarante-cinq pour cent de notre effectif hors de combat. Si seulement nous avions eu avec nous les Baguirmiens, on aurait pu bloquer la place et certainement Rabah eût été pris ce jour là. Son heure n'était pas encore sonnée, mais son étoile néanmoins s'était obscurcie. Après les pertes qu'il avait subies, il était incapable de tenter le moindre retour offensif. Nous avions donc atteint le but que je me proposais, à savoir de venger les morts de Togbao, et de préparer notre jonction avec les Baguirmiens. Ce résultat avait été obtenu grâce à tous les vaillants qui, sous le commandement du capitaine Robillot, avaient eu l'audace de tenter cette héroïque folie, d'attaquer avec moins de trois cent cinquante hommes un adversaire retranché, disposant de deux mille sept cents fusils et de dix mille auxiliaires ! En dehors de Togbao, qui fut plutôt un massacre, il y a eu deux combats seulement où Rabah a donné en personne, celui de Kouno et celui de Koussouri. C'est le combat de Kouno qui fut le plus dur et le plus acharné...

La nuit était venue, les flammes de l'incendie qui dévoraient Kouno éclairaient tout l'horizon. Un grand silence régnait, interrompu seulement de temps en temps par les chants funèbres de nos adversaires qui enterraient leurs morts, et par les plaintes de quelque blessé bousculé par un camarade.

DEUX DES CANONS DE LA MISSION
(LA PIÈCE DE GAUCHE SUR SON AFFÛT FAUSSÉ PENDANT LE COMBAT DE KOUNO.)

Puis tout se tut. Nous avions bien essayé de manger un peu pour nous réconforter ; mais la fatigue fut plus forte que la faim ; un sommeil de brute s'empara de nous tous, et nous nous endormîmes jusqu'au lendemain matin. De bonne heure, on tint conseil. Nos deux canons étaient hors de service ; les munitions faisaient défaut (il restait à peine soixante cartouches à chaque homme), et nous n'avions plus que quatre jours de vivres. Enfin nos blessés, entassés dans le vapeur et dans le chaland, réclamaient des soins pressants. Je décidai donc de revenir en arrière jusqu'à Fort-Archambault. On transporta sur la rive droite les deux cents hommes qui étaient encore valides. Bientôt ils se mirent en route pour regagner le poste, pendant que de mon côté je remontais lentement le fleuve avec le vapeur.

L'ennemi, en nous voyant partir, ne tenta même pas de sortir.

CONSÉQUENCES DU COMBAT DE KOUNO.

Aussi notre voyage s'effectua-t-il sans le moindre incident.

Malgré les pertes considérables que nous avions éprouvées, je fus très satisfait du résultat obtenu, car dès le lendemain de notre retour à Fort-Archambault, je recevais la visite de messagers Baguirmiens envoyés par le sultan Gaourang. Ils étaient au courant de ce qui s'était passé à Kouno, et ils nous apprirent même que, quelques jours auparavant, une forte troupe rabiste envoyée en razzia de vivres chez les Toummocks avait été surprise, et avait perdu beaucoup de monde. Ils me dirent que Gaourang ne tarderait pas à arriver.

Cette dernière nouvelle me fit grand plaisir ; non pas que je considérasse les Baguirmiens comme des

LE CAPITAINE DE COINTET.

auxiliaires bien sérieux dans un combat, mais parce que, au point de vue moral, l'effet de notre jonction, que Rabah désirait empêcher, serait très grand sur les indigènes. Avant Kouno, en effet, Gaourang était fugitif ; grâce à notre intervention, il était en sécurité et la protection que nous lui avions promise s'exerçait efficacement. Il n'était pas douteux non plus que, lorsque nous reprendrions la marche en avant avec le sultan, nous disposerions d'effectifs plus imposants et surtout que nous trouverions plus facilement parmi les populations du fleuve une aide matérielle, dont nous avions grand besoin. Mais ce n'était pas le moment de perdre du temps. Je remis aux envoyés une lettre pour Gaourang, et je me préparai à revenir au Gribingui, afin de tout disposer pour opérer notre jonction avec la colonne Klobb, à laquelle je devais également fournir quelques ravitaillements. Je laissai Robillot à Fort-Archambault, après lui avoir donné mes instructions relatives à la politique et je rentrai au Gribingui le 16 novembre. Une terrible nouvelle m'y attendait, contenue dans le câblogramme suivant :

LE DOCTEUR ALLAIN.

« Commissaire général à Commissaire du gouvernement Chari.

« Département informe que lieutenant-colonel Klobb, envoyé pour prendre commandement mission Voulet, a été assassiné par Voulet à Damangar, près Zinder, 14 juillet. Lieutenant Meynier qui accompagnait lieutenant-colonel Klobb a été tué également, avec plusieurs tirailleurs ; les survivants sont signalés à Say. Voulet devoir être considéré comme en état de rébellion. Informez Gentil par les voies les plus rapides et prescrivez-lui prendre toutes les précautions nécessaires au cas où mission Voulet regagnerait postes du Chari. Bien entendu que ravitaillement qui lui était destiné ne doit pas lui être remis. »

Effrayante dans son laconisme, cette dépêche faisait sombrer tous mes plans. Non seulement la marche en avant était compromise, mais encore au lieu de trouver devant nous une colonne alliée, c'étaient des ennemis que nous allions rencontrer. La

KOUNO EN FLAMMES, VUE PRISE DU *Léon-Blot*.

jonction entre les deux missions, but de nos rêves, aurait pour résultat, si elle s'accomplissait, une mêlée affreuse entre Français ! Ah ! quelles heures tristes j'ai passées à ce moment-là ! Quoi, il s'était trouvé un officier capable de commettre un tel crime ! C'était effroyable, en vérité. Quelles seraient les conséquences de cette horrible action ? Bien difficiles à préjuger. Quelle conduite tenir ? Pendant deux jours je réfléchis longuement à la situation, et, comme il vaut mieux prévoir le pire, j'envisageai froidement l'hypothèse où nous aurions à combattre nos compatriotes révoltés.

Cela n'aurait pas été une petite affaire, car ils étaient bien nombreux : ils avaient six cents fusils au moins, et ils n'avaient plus rien à perdre...

L'EMPIRE DE RABAH.

De notre côté, en tenant compte des blessés qui, guéris, pourraient reprendre du service, nous avions à peine deux cent soixante-dix hommes capables de tirer un coup de fusil.

LE CAPITAINE BUNOUST.

C'était insuffisant. Il nous fallait des renforts à tout prix. Tout ce que je pus faire sur le moment fut d'envoyer vingt-quatre hommes à Robillot par le vapeur qui restait à sa disposition. Il se trouvait donc à la tête d'un peu moins de trois cents hommes. Je le mis au courant de l'affaire Voulet et lui interdis absolument tout mouvement en avant. Pour moi, apprenant l'arrivée prochaine du Commissaire général, M. de Lamothe, à Bangui, je me résolus à aller le rejoindre pour conférer avec lui de la situation.

J'arrivai à Bangui le 10 décembre, étant parti du Gribingui le 1er. M. de Lamothe s'y trouvait. Très ému par l'annonce du massacre de Bretonnet, il s'était décidé à remonter le fleuve pour avoir plus tôt des nouvelles. Il avait eu heureusement la bonne pensée d'amener avec lui une trentaine d'hommes, un capitaine d'artillerie, M. Bunoust, deux lieutenants, MM. Larrouy et Martin, et le maréchal des logis Papin. Ce personnel, qui faisait partie de la mission topographique du commandant Gendron, fut réquisitionné d'urgence et mis à ma disposition.

Les postes de Bangui et de Mobaye étaient invités à nous fournir trente hommes et le commandant des troupes du Haut Oubangui avait l'ordre de constituer un détachement de tirailleurs réguliers de soixante-dix hommes et de les envoyer au Chari sous le commandement d'un lieutenant.

JONCTION AVEC GAOURANG.

Pendant que s'effectuait la concentration, je recevais une lettre du capitaine Robillot m'annonçant que Gaourang avait fait sa jonction avec lui à Fort-Archambault, que Rabah avait évacué Kouno quelques jours après le combat, juste le temps qu'il lui avait fallu pour radouber quelques mauvaises pirogues, afin d'y embarquer ses nombreux blessés et de les renvoyer sous escorte par le fleuve. Sa colonne principale effectuait sa retraite sur Logone et Dikoa par le Bahr-Erguig, pour s'y ravitailler.

LE LIEUTENANT MARTIN.

L'arrivée des Baguirmiens avait permis de retrouver à Togbao les corps des Européens qui y étaient morts. Sur leurs indications, on put les identifier d'une façon certaine et leur donner une sépulture décente à Fort-Archambault.

Ainsi donc, tout avait marché aussi bien qu'on pouvait le souhaiter, en ce qui nous concernait ; la bataille de Kouno, livrée pour nous débarrasser de Rabah, avait produit le résultat attendu. Nous étions les maîtres du fleuve et rien ne s'opposait à notre marche, sinon la perspective d'une lutte avec la mission Voulet.

Grâce à l'initiative du Commissaire général, nous allions être en très bonne posture de défense, mais l'éventualité d'une marche en avant restait toujours douteuse, d'autant que les dernières dépêches du Gouvernement, non encore au courant du combat de Kouno, mais toujours sous l'impression du massacre de Bretonnet et du drame de Zinder, s'y opposaient d'une façon formelle.

Il fut convenu entre M. de Lamothe et moi que, en principe, je me cantonnerais vers le 10ᵉ degré et que, dès que je pourrais avoir des nouvelles de la mission Foureau-Lamy, nous marcherions à sa rencontre.

LE MARÉCHAL DES LOGIS PAPIN.

Nous nous séparâmes ensuite et je regagnai le poste du Gribingui. Tous mes renforts étaient arrivés ou étaient en route. Je commençais à renaître enfin à l'espérance, quand, au cours de mon voyage, pendant que je déjeunais, un courrier me croise et me remet des lettres urgentes.

J'en prends rapidement connaissance. Quelle joie pour moi ! C'était l'annonce de l'arrivée à Sada, près de Fort-Archambault, à la date du 13 janvier, du lieutenant Meynier qu'on croyait mort avec le colonel Klobb.

Cet officier était porteur d'une lettre du lieutenant Joalland annonçant les événements suivants :

Le 14 juillet 1899, le capitaine Voulet, commandant l'arrière-garde de sa colonne, était rejoint non loin de Zinder, à l'Ouest du Tchad, par le colonel Klobb et le lieutenant Meynier. Voulet donna l'ordre de tirer sur eux. Le colonel était tué, Meynier blessé à la cuisse. Puis Voulet rejoignait son avant-garde et mettait les Européens de sa colonne au courant de ce qu'il venait de faire.

Après quoi, ayant persuadé aux tirailleurs que les torts étaient

NOUVELLES DE LA MISSION AFRIQUE CENTRALE.

ARRIVÉE DU SULTAN GAOURANG À FORT-ARCHAMBAULT.

du côté du colonel Klobb, il crut avoir ses hommes pour lui. Il décida donc que les officiers et sous-officiers de la mission qui ne voulaient pas, par leur simple présence, partager la responsabilité du crime retourneraient à Say avec une escorte de trente tirailleurs, dont il se méfiait.

Quant à lui et à son second, le capitaine Chanoine, ils étaient résolus à se tailler un empire dans le Centre Africain, avec les tirailleurs qui leur étaient restés fidèles.

Le 16, ces tirailleurs, comprenant l'énormité de leur faute, se révoltaient, tuaient Voulet et Chanoine, et venaient se mettre sous les ordres du lieutenant Pallier, qu'ils rejoignaient le 17.

Les officiers survivants se concertèrent et convinrent qu'ils marcheraient sur Zinder, afin de venger la mort du capitaine Cazemajou. Le 30 juillet, la colonne entrait à Zinder, après avoir vaincu le serki Amadou, qui s'était porté à sa rencontre.

Quelques jours plus tard, le lieutenant Pallier partait avec trois cents tirailleurs pour reconnaître la route du Tchad, laissant ses camarades à Zinder. Mais après quelques étapes, les tirailleurs, entraînés par quelques mauvaises têtes, refusaient d'aller plus loin et forçaient, sur menace de mort, M. Pallier

L'EMPIRE DE RABAH.

PAYSAGES DES ENVIRONS DE MILTOU, OÙ RABAH A TRAVERSÉ LE FLEUVE.

à les ramener à Zinder avec promesse de rentrer au Soudan.

A Zinder, une scission se produisit : deux cent soixante-dix tirailleurs, restés dociles, acceptaient de continuer la mission pendant un an, sous les ordres des lieutenants Joalland et Meynier et d'un sous-officier, le sergent Bouthel. Les trois cents autres tirailleurs reprenaient la route du Soudan avec le lieutenant Pallier, le docteur Henric et deux sous-officiers.

La nouvelle mission cherche alors à pacifier Zinder. Le 15 septembre, le serki Amadou est tué dans une reconnaissance et les habitants de la ville se mettent à la disposition des Européens. Le lieutenant Joalland laisse alors à Zinder son sergent européen et cent tirailleurs et prend le 3 octobre la route du Tchad avec le lieutenant Meynier, cent soixante-dix tirailleurs et un canon de 80 millimètres.

Informé à ce moment de la présence de la mission Foureau-Lamy dans l'Aïr, Joalland s'empresse de lui expédier des cha-

ARRIVÉE DU LIEUTENANT MEYNIER A SADA.

meaux qu'elle réclame et dont elle a grand besoin, puis il continue sa route, reprenant ainsi pour son propre compte les instructions données au lieutenant-colonel Klobb dont un des passages était le suivant : « Jonction avec mission Foureau-Lamy, quoique étant très désirable, n'est point l'objectif principal. Nécessaire arriver le plus tôt possible au Tchad pour conclure traité avec Kanem et rejoindre la mission du Chari. »

Ces instructions disaient aussi que, dans le cas de rencontre avec la mission Foureau-Lamy, le lieutenant-colonel Klobb prendrait la direction des deux expéditions, à moins toutefois que Foureau ne tînt à revenir par la voie de Zinder et du Dahomey; et en ce cas son escorte resterait à sa disposition.

LE CAPITAINE JOALLAND.
(PHOTOGRAPHIE DE E. PIROU.)

Dans cette circonstance, le lieutenant Joalland, qui avait été promu capitaine au mois de juillet, estimant qu'il importait avant tout de nous rejoindre, se mit en route. Je ne pus qu'approuver cette décision; il était en effet pour moi du plus haut intérêt d'être renseigné au plus tôt sur l'issue de l'affaire Voulet...

Le 23 octobre, Joalland était à Woudi; il suivit la route au Nord du Tchad, dans un pays désolé, par N'guigmi et Gor, et arriva le 22 novembre à Gouré, dans le Kanem. En passant à

L'EMPIRE DE RABAH.

Debenenki, il nomma sultan du Kanem l'alifa Zeraff, descendant légitime des souverains, qui se déclara tout dévoué à notre cause pour être débarrassé de Rabah et du Ouadaï.

Enfin, il arriva à N'Gouri où il laissa un détachement, puis il se porta sur Goulfei.

Cette marche de Joalland s'effectua sans que nous puissions en être le moins du monde informés. En effet, pendant cette période nous avions eu affaire à toute l'armée de Rabah, laquelle, opérant ensuite sa retraite avait fait le vide sur son passage, de sorte qu'aucun Baguirmien n'avait pu venir nous apporter des nouvelles. Joalland de son côté, n'en ayant pas davantage, envoya le sergent Abdoul Sall, le 14 décembre, en courrier avec une pirogue de Goulfei. Ce sergent avait la consigne de s'assurer de l'endroit où nous nous trouvions et de me remettre une lettre de son capitaine.

Mais à peine était-il en route, qu'il se rencontra avec les quarante pirogues portant les blessés de Rabah et une forte escorte ; les pirogues redescendaient le fleuve à petites journées pour se maintenir à hauteur de la colonne principale des Rabistes, qui se repliait sur Logone par la rive gauche du Chari.

Abdoul Sall ne pouvait songer à entrer en lutte contre des forces supérieures. Aussi revint-il vers son chef, le capitaine Joalland, qui se décida à envoyer vers nous le lieutenant Meynier. Ce jeune et brillant officier, à peine guéri de la blessure qu'il avait reçue aux côtés du colonel Klobb, fournit, le long du Bahr-Erguig, sur la rive droite du Chari, qui venait d'être évacuée par les troupes de Rabah, un trajet de sept cents kilomètres en quatorze jours (du 28 décembre 1899 au 11 janvier 1900). C'est à Sada, non loin de Fort-Archambault, qu'ayant accompli cette prouesse, il se rencontra avec le capitaine de Cointet et les forces du sultan Gaourang.

Comme bien on pense, il y fut accueilli avec la joie la plus vive. Les récits qu'il fit, les nouvelles qu'il apporta nous arrachèrent enfin à ce long cauchemar qui hantait tout le monde : l'éventualité effroyable d'une lutte entre Français. Non seulement cette lutte ne se produirait pas, mais nous allions retrouver des alliés, des frères d'armes. De plus, on pouvait escompter, avec de grandes chances de certitude, l'arrivée prochaine de la mission Foureau-Lamy sur les bords du lac Tchad. Nous allions être en nombre pour agir efficacement et énergiquement. L'espoir de porter bientôt à Rabah le coup décisif nous faisait battre le cœur.

VI

Retour à Fort-Archambault. — Le sultan Gaourang. — Son troupeau d'esclaves offerts comme porteurs. — Préparatifs de départ. — Nouvelles de la mission saharienne Foureau-Lamy. — Marche sur Koussouri. — Rencontre de Foureau. — État lamentable de la colonne de Baguirmiens que nous amène Gaourang. — Jonction des trois Missions.

Au moment où le lieutenant Meynier vint nous rejoindre à Sada, la situation était la suivante. Son chef de mission, le capitaine Joalland, dont on ne saurait trop louer l'initiative, était installé en face de Goulfei, avec cent cinquante fusils environ; les troupes du Chari, sous le commandement du capitaine Robillot, étaient à Fort-Archambault; la mission saharienne Foureau-Lamy, signalée à Zinder vers le 15 novembre, devait être vraisemblablement en route vers le Tchad. Quant à Rabah, il s'était replié, à la suite du combat de Kouno, sur Logone et Dikoa où se trouvait déjà son fils Fad-el-Allah.

J'ai dit que toutes ces nouvelles m'étaient parvenues au moment où je regagnais le poste du Gribingui, après avoir été chercher des renforts. En attendant mon arrivée, le capitaine Robillot avait pris ses dispositions pour se mettre en communication constante avec la mission Joalland.

Cette communication étant assurée et réglée, le lieutenant Meynier se remit en route pour rejoindre le capitaine Joalland à Goulfei. Pendant que se passaient ces événements, le capitaine Bunoust, les lieutenants Martin et Larrouy m'aidaient dans la grosse besogne de la réunion du matériel nécessaire à la nouvelle campagne qui allait être menée contre Rabah et que j'estimais pouvoir durer plusieurs mois.

PRÉPARATIFS DE DÉPART.

On ne se doute pas combien il est difficile, en Afrique, avec des moyens aussi précaires que ceux dont on dispose, de mettre une expédition sur pied. Il est indispensable de tout inventorier, de tout cataloguer, pour être sûr que rien ne manque et que les colis sont en bon état, car ce n'est pas tout de marcher, il faut arriver au but muni du nécessaire. Grâce au dévouement des fonctionnaires de la région civile, MM. Bruel, Pinel, Rousset, Perdrizet, le matériel qui nous était nécessaire arrivait rapidement. Le rôle de ces agents, pour avoir été dans toute cette période

M. PERDRIZET À FORT - CRAMPEL

moins brillant que celui de leurs camarades de la région militaire, n'en aura pas été moins utile. Ils se sont acquittés de cet ingrat service des transports d'une façon remarquable, et c'est grâce à eux que l'on put engager la suprême partie contre Rabah.

Le 13 février, tout était prêt pour le départ, sauf le fameux détachement de soixante-dix hommes que devait nous expédier le Haut Oubangui. Seul, le lieutenant Faure était là, avec la moitié de l'effectif ; le reste, retardé pour toutes sortes de causes, devait mettre encore pas mal de temps à arriver. Je ne pouvais attendre plus longtemps et j'en fus réduit à me priver de la collaboration de l'excellent officier qu'était M. Faure, obligé d'attendre la deuxième partie de son détachement.

Nous quittons Gribingui le 13 février avec une trentaine d'hommes, le capitaine Bunoust, le lieutenant Martin et le

L'EMPIRE DE RABAH.

maréchal des logis Papin. Le lieutenant Larrouy et le docteur Ascornet doivent rejoindre par la suite, dès qu'ils auront pu se procurer des embarcations. Le lieutenant Faure, qui, en attendant son monde, est occupé aux transports, les accompagnera, s'il est prêt à temps.

Le Gribingui est presque à sec. A chaque instant nous rencontrons des cailloux ou des bancs de sable qui nous arrêtent. Le gros chaland, chargé de trois cent cinquante colis de trente kilos et d'un personnel nombreux, avance avec la plus grande difficulté. Jamais je n'ai vu les eaux aussi basses. A tout moment, on est obligé de mettre les hommes à l'eau pour déséchouer ce maudit bateau... Ce sont alors des cris, des vociférations poussés par nos hommes qui s'excitent à traîner cette énorme masse. Les journées se passent et nous avançons à peine. A ce train-là, nous allons mettre une éternité pour atteindre Fort-Archambault.

Un mauvais passage est à peine franchi qu'on en retrouve un autre. Jusque là je n'avais noté que cinq ou six rapides sur le Gribingui. Nous en avons déjà rencontré une douzaine et encore sommes-nous au début. Quelle corvée longue et ingrate! Bunoust, Martin et moi, nous nous remplaçons à tour de rôle, pour hurler les « Attention... ferme... enlevez »! qui donnent du cœur aux hommes. Les malheureux sont fourbus et nous avons des extinctions de voix. Mais nous prenons notre mal en patience et au bout d'un certain temps nous finissons par nous habituer à ce mode de locomotion.

Quand nous rencontrons des biefs, où nous pouvons marcher pendant quelques kilomètres, nous sommes fort heureux. Si nous n'étions pas aussi pressés, cette descente de la rivière ne serait cependant pas sans charme. Les bancs de sable, complètement découverts, sont littéralement garnis d'oiseaux de toute espèce, pélicans, grues, courlis, canards, oies, aigrettes, etc. C'est un fourmillement ininterrompu, un bruit d'ailes incessant. Que de joies sont réservées aux spécialistes qui, plus tard, viendront étudier la faune de ce pays!

SUR LE GRIBINGUI.

OISEAU SULTAN TUÉ PAR M. DE MOSTUEJOULS
SA HAUTEUR EST DE 1 MÈTRE, SES AILES DE 1m50 D'ENVERGURE.

Nos préoccupations sont d'un ordre moins relevé. Nous classons tout bonnement ce gibier en deux espèces principales : celle qui se mange et celle qui ne se mange pas. Les canards, qui font partie de la première catégorie, sont excellents, à l'exception toutefois de celui d'une très grosse taille, que l'on appelle *canard armé*, car il porte au sommet des ailes, à la deuxième articulation, une espèce d'os pointu qui doit lui servir à se défendre contre les oiseaux de proie. Sa chair est très dure et de mauvaise qualité. Outre les canards, nous rencontrons à chaque instant, comme gibier à plume, des bandes de pintades. Aussi la cuisine est-elle abondamment pourvue.

C'est une chance, d'ailleurs, qu'il en soit ainsi, car à proximité de la rivière, il n'y a pas beaucoup de villages, et les malheureux habitants, qui s'y trouvent en butte depuis de nombreuses années aux razzias des chasseurs d'esclaves de Senoussi, ne peuvent offrir de grandes ressources pour les ravitaillements. Nous trouvons seulement à compléter le mil nécessaire à la nourriture de nos hommes, dont la ration consiste surtout en viande d'hippopotame.

A l'époque des eaux basses, cet animal pullule dans le Gribingui, au point d'être un véritable danger pour les petites pirogues

L'EMPIRE DE RABAH.

qui circulent sur le fleuve. Nous sommes fréquemment secoués par ces pachydermes, qui, en se levant sous le chaland ou les boats, leur donnent d'énormes coups et même parfois les défoncent. Nous nous vengeons en tuant quelques-uns d'entre eux dont la viande fumée assure la subsistance de notre monde pour longtemps. Pendant dix-neuf jours, notre navigation se continue ainsi, fertile en échouages et en incidents de toute nature. Enfin, nous arrivons à Fort-Archambault.

Nous voilà donc réunis. Malheureusement les eaux complètement basses vont empêcher le *Léon-Blot* de naviguer. Nous ne pouvons faire circuler sur le fleuve que le grand chaland, les trois baleinières, deux embarcations en bois construites par nos propres moyens et les quelques pirogues que nous pourrons réunir. On y embarquera l'artillerie, les munitions et une partie des vivres. Quant aux tirailleurs, ils marcheront par la voie de terre, et les bagages et vivres de route nécessaires seront portés à dos d'homme.

Encore ce souci de porteurs qui intervient. Jusqu'ici en effet, nous n'avons pas encore pu nous procurer les bêtes de somme qui nous seraient nécessaires, le pays en étant complétement dépourvu.

Heureusement que le sultan Gaourang n'est pas loin. Il est installé à Sada, où Robillot l'a prié de séjourner, pour éviter une trop grande agglomération de monde au même endroit.

Je le préviens de mon arrivée. Il ne tarde pas à venir. J'avoue que je retrouve avec plaisir ce gros homme, tout content de lui. De son côté également, il manifeste sa joie de me revoir.

Je le fais entrer chez moi, où l'on a préparé un local pour le recevoir, et, tout en buvant du thé, il me raconte ses infortunes. Il rejette toute la responsabilité du massacre de Togbao sur le M'Baroma, celui de ses dignitaires qui gardait le défilé. « Ce M'Baroma est un misérable, me dit-il, tu l'as bien connu. Quand tu es venu au Baguirmi la première fois, il occupait les fonctions d'*alifa-ba*. Je lui avais conféré une dignité plus élevée et voilà ce qu'il m'a fait, il m'a trahi. Traître et lâche aussi, le Kadé

EN ROUTE POUR KOUSSOURI. — LA DESCENTE DE LA FLOTTILLE SUR LE CHARI.

ENTREVUE AVEC GAOURANG.

Tchiroma qui était ton hôte à Masséniá et auquel j'avais confié l'éducation de mon fils. Presque tous des traîtres, mes grands seigneurs, qui ont voulu à un moment donné m'abandonner pour aller se soumettre au maudit (nom sous lequel il désigne Rabah).

« Oui, continua-t-il, si je n'avais pas été prévenu à temps, le *guermané* avait formé le projet de se faire nommer sultan à ma place par Rabah. Il était tout prêt à partir, quand je l'ai fait appeler. Il fut mis incontinent à la chaîne et lorsqu'il eut avoué sa trahison je lui fis trancher la tête.

« Vois-tu, si tu n'étais pas venu et si vous n'aviez pas battu le maudit, j'étais perdu, et ce qu'on avait essayé une fois sans succès se serait reproduit plus tard. »

C'est d'un ton mélancolique et en même temps avec des accents passionnés qu'il me fit ce récit. Il fallait que réellement il eût passé par de vilains moments pour abandonner sa douce philosophie d'Épicurien...

Revenant ensuite au combat de Togbao, il ne cessa de témoigner du courage des nôtres.

« Pour moi, me dit-il, je suis resté jusqu'au dernier moment, voulant mourir avec tes frères. Mes esclaves m'entourèrent alors et me traînèrent hors du combat. Regarde les deux blessures que j'ai reçues à ce moment, — et il me faisait voir son bras couturé de deux cicatrices profondes provenant évidemment de balles... Maintenant les mauvais jours sont finis, je te revois et je suis heureux, j'ai confiance en toi et tous les miens vont me suivre.

J'ai déjà fait justice des traîtres, je continuerai encore si cela est nécessaire... Il faut que tu voies ce que j'ai fait du M'Baroma. »

En me disant ces mots, il donna l'ordre de faire venir devant moi le personnage en question.

Celui-ci se présenta simplement vêtu, les chaînes aux pieds et aux mains, la figure couverte d'un voile qui lui venait jusque sous les yeux. Ce voile enlevé, je m'aperçus avec horreur que ce malheureux avait eu le nez, les oreilles et les lèvres coupés. Je ne pus réprimer un mouvement d'effroi, et je dis à Gaourang : « Tu aurais mieux fait de le tuer que de lui infliger pareille torture. C'est très mal ; Dieu défend ce que tu as fait là.

— Que veux-tu? me dit-il, c'était un esclave dont j'avais fait un grand seigneur. Je l'ai puni pour servir d'exemple aux autres... »

Ému de pitié, j'obtins de Gaourang qu'on lui enlèverait ses fers, ainsi qu'au Tchiroma.

Il tint sa promesse, croyant me faire une concession bien grande. Certainement, si j'avais essayé de lui démontrer l'atrocité de sa conduite, il ne m'aurait pas compris.

Je n'insistai pas davantage et lui demandai de me fournir des porteurs et des chevaux. Il me promit tout sans retard. Dès le lendemain, je reçus pour ma part un beau cheval noir qu'il avait lui-même monté. Les autres officiers et les Européens furent ensuite pourvus ; mais en général, à part quelques exceptions, ces montures ne valaient pas grand'chose. C'était cependant mieux que rien, et il ne fallait pas se montrer trop exigeant, car le pauvre Gaourang n'avait plus une cavalerie bien belle. La plupart de ses chevaux étaient fourbus et à bout de forces.

Les porteurs vinrent après. Gaourang n'avait pas eu beaucoup de peine à se les procurer. C'étaient tout simplement des esclaves qu'il avait razziés chez les Saras. Encore enchaînés ou réunis par couples à des fourches de bois, ces malheureux présentaient un spectacle lamentable. Je n'oublierai jamais l'impression de profonde pitié qui nous saisit tous à la vue de ce troupeau humain, que quelques soldats poussaient devant eux à coups de fouet. Comme il n'y avait pas assez d'hommes, des femmes s'y trouvaient en grand nombre. Nues, sans un lambeau d'étoffe pour les couvrir, hâves, exténuées de fatigue, quelques-unes portaient de petits enfants qui essayaient de trouver un peu de lait aux seins taris de leurs mères...

Quel spectacle navrant !.. Quelque endurcis que nous pussions être, les larmes nous venaient aux yeux. Et ce qu'il y avait de pire encore, c'est que tout ce monde mourait de faim. Il ne faut pas croire qu'on s'était occupé de leur nourriture. Mangeait qui pouvait, comme et quand il pouvait... C'était simple et horrible...

LES ESCLAVES SARAS

ESCLAVES SARAS PRIS PAR LES BAGUIRMIENS
ENCORE ENCHAÎNÉS OU RÉUNIS PAR COUPLES À DES FOURCHES DE BOIS.

Tel est le tableau que j'ai vu, de mes yeux vu, et que je ne charge pas. Je suis plutôt en dessous de la vérité... Il eût été à souhaiter que les partisans de l'Islam à tout prix pussent se rendre compte de l'œuvre néfaste accomplie par les adeptes de ce dogme de sang, de rapine et de meurtre. Peut-être leurs idées se seraient-elles modifiées. Je donnai l'ordre de détacher tous ces misérables, qui furent installés dans la cour du poste. On leur prépara de formidables platées de mil et de haricots qu'on leur distribua. Ces affamés se précipitèrent sur la nourriture comme des bêtes fauves, les plus grands renversaient les plus faibles et engouffraient dans leur bouche tout ce qu'ils pouvaient saisir... On fut obligé, pour que tout le monde pût manger, de procéder à une répartition équitable.

Je prévins Gaourang que ces gens étaient dorénavant à nous, et, à part moi, je me réservai de les rendre plus tard à la liberté. Je leur fis dire que, s'ils consentaient à nous accom-

L'EMPIRE DE RABAH.

pagner et à porter nos charges, nous les nourririons tous convenablement ; après quoi, on les renverrait dans leurs villages.

Comme bien on pense, ils acceptèrent avec enthousiasme. Mais ils étaient tous trop faibles pour qu'on pût leur donner un poids de vingt-cinq kilos à porter. Nous attendîmes donc quelques jours encore qu'ils eussent repris des forces et, après avoir éliminé les femmes, mères ou nourrices, ainsi que les hommes trop chétifs, nous nous trouvâmes prêts pour le départ.

Je pus donc rédiger, à la date du 12 mars, un ordre prescrivant de reprendre, dès le lendemain, les opérations contre Rabah sous les ordres du capitaine Robillot.

Pendant que se terminaient tous ces préparatifs, je recevais à Fort-Archambault une lettre du commandant Lamy m'annonçant son arrivée à Debenenki dans le Kanem, à la date du 18 février. Le capitaine Joalland, rejoint par Meynier, m'informait, de son côté, qu'il avait laissé ce dernier officier en face de Goulfei avec le gros de ses forces pour se porter à la rencontre de la mission Foureau-Lamy, qu'il avait rejointe à ce même point de Debenenki.

Ainsi donc, tout allait au gré de mes désirs et l'œuvre poursuivie avec tant de persévérance approchait de sa réalisation.

Les deux missions Afrique Centrale et Saharienne allaient se trouver réunies, sous l'autorité du commandant Lamy qui, par suite de la mort du colonel Klobb, devenait le chef des deux groupes. J'allais donc pouvoir, dès que la jonction complète serait terminée, disposer des effectifs des trois missions au mieux de nos intérêts. Je sentais tout l'honneur et toute la lourdeur de la tâche qui me revenait. Mais j'avais l'espoir, avec de telles forces, de porter le dernier coup à Rabah. Et l'avenir me paraissait glorieux.

Le 13 mars 1900, la mission du Chari se met en route. Les points de Togbao et de Bousso sont déjà occupés par nos troupes, ainsi que Robillot, en mon absence, l'avait décidé.

La marche des deux groupes par terre et par eau s'effectue sans incident ; malheureusement elle est d'une désespérante len-

HALTE PRÈS D'UN VILLAGE.

teur. Les chemins sont mauvais, l'eau est rare ; on circule au milieu de buissons d'épines qui blessent tirailleurs et porteurs. D'autre part, ces derniers se fatiguent assez vite et l'on ne peut, par raison d'humanité, les presser davantage.

En outre, le ravitaillement en vivres est très difficile. Nous avons en effet à traverser toute une région complètement dévastée par Rabah, lors de son passage. Le lieutenant Galland a pu constituer à grand'peine un petit stock de mil à Togbao, c'est tout ce que l'on trouvera probablement jusqu'à Bousso. Aussi, les hommes et les officiers sont-ils à la portion congrue. La ration, uniforme pour tous, se compose au maximum d'à peu près deux cents grammes de mil en grains. C'est peu, trop peu, pour des gens qui doivent fournir une telle marche. Heureusement pour nous que la viande ne manque pas. Dans ces contrées, où la dévastation s'est opérée d'une façon si radicale, il ne reste absolument rien ; partout des villages ruinés ; pas une plantation L'homme a fui ces lieux désolés et a été remplacé par les animaux sauvages.

Les antilopes de toute espèce s'y trouvent en quantité si nombreuse et sont si peu farouches que, sans même arrêter la marche de la colonne, on peut en abattre une douzaine chaque jour. Deux ou trois cavaliers se détachent, les ramassent, les hissent sur des chevaux et, le soir, à l'étape, on en fait le partage. Je n'ai jamais vu, pendant les douze années que j'ai passées en Afrique, de pays plus giboyeux que la région du Chari. Sans nous donner la moindre peine, nous pouvions tous les jours, sans exception, donner à nos six cents rationnaires au moins cinq cents grammes de viande par tête. Sans cette heureuse circonstance, je ne sais s'il nous eût été possible d'arriver au but.

C'est dans ces conditions que nous atteignons successivement Togbao, puis Bousso, où j'arrive avant la colonne, avec le capitaine Robillot. Le lieutenant Galland nous y a précédés et le capitaine de Lamothe est allé à Maciré pour tâcher de réunir du mil.

L'EMPIRE DE RABAH.

Quatre jours après notre arrivée à Bousso, la flottille est signalée. Elle a eu beaucoup de peine à opérer sa descente. Le fleuve est au plus bas et, en maints endroits, il n'y a plus qu'un mince filet d'eau. Les hommes ont été obligés de débarquer et de creuser des rigoles dans le sable pour que les embarcations puissent franchir les seuils. Le travail accompli a été surhumain. La compagnie de Cointet nous rallie ensuite avec son convoi, dont les porteurs sont très fatigués. Il faut donner un peu de repos à tout le monde et attendre Gaourang et ses Baguirmiens, à qui j'ai donné rendez-vous et dont nous sommes sans nouvelles.

Pendant que nous effectuions notre marche sur Bousso, la mission Foureau-Lamy s'était avancée sur Goulfei, où elle s'était jointe au gros de la mission Afrique Centrale, cantonnée devant la place. Depuis quelques jours, Fad-el-Allah, le fils de Rabah, s'y était porté avec six cents fusils environ et livrait quelques escarmouches au lieutenant Meynier. Mais le commandant Lamy ne s'attarda pas devant Goulfei; il se dirigea sur Koussouri, moins bien défendu, et enleva la place d'assaut le 3 mars. Le chef de bannière Capsul, qui la défendait, y fut tué. Nous ne perdîmes qu'un homme dans cette affaire.

Apprenant la prise de Koussouri, Fad-el-Allah sortit alors de Goulfei et vint camper, sans qu'on s'en doutât, à cinq kilomètres dans le Sud-Est de Koussouri. Son intention était de profiter d'un moment favorable pour tomber sur une patrouille ou sur un détachement sans méfiance.

Ce projet fut sur le point de réussir. Une forte reconnaissance, commandée par les lieutenants Rondeney et de Thézillat vint donner dans une embuscade et faillit être surprise. En un instant elle fut entourée de toutes parts, l'ennemi, caché derrière les buissons d'épines, ouvrant sur les nôtres un feu d'enfer. Le terrain se prêtait mal à un déploiement et la situation était très critique. Grâce à l'héroïsme des deux officiers et au courage des tirailleurs algériens qui mirent la baïonnette au canon et se ruèrent sur l'ennemi, l'avantage fut de notre côté; les Rabistes furent refou-

PRISE DE KOUSSOURI.

EN ROUTE POUR KOUSSOURI. LES HOMMES SONT OBLIGÉS DE CREUSER DES RIGOLES POUR FAIRE FRANCHIR LES SEUILS À LA FLOTTILLE.

lés et poursuivis jusque dans leur camp, qui fut enlevé. Fad-el-Allah battu s'enfuit jusque dans Logone où il s'enferma.

Cette sanglante affaire, où le lieutenant de Thézillat fut grièvement blessé, nous coûta une vingtaine de tués ou blessés. Elle eut lieu le 9 mars.

J'en fus instruit à Bousso par une lettre du commandant Lamy, qui me fut transmise par les soins du capitaine de Lamothe installé à Maciré.

Peu après, une deuxième lettre me parvenait par le lieutenant de Chambrun qui m'annonçait que Rabah, à la suite de l'échec de son fils, avait quitté Dikoa et paraissait se rapprocher de Koussouri. Le commandant m'informait en outre de la pénurie je ses troupes en munitions et m'envoyait un sergent avec des chameaux destinés à recevoir les ravitaillements dont nous pourrions disposer en sa faveur.

Sur ces entrefaites, Gaourang nous rejoignit enfin. Il m'avait promis, lors de notre départ de Fort-Archambault, d'envoyer des cavaliers dans la région du Bahr-Erguig, afin qu'à notre passage à Bousso nous puissions trouver en ce point un approvisionnement de mil. Il n'en avait rien fait, ou plutôt ses ordres n'avaient pas été exécutés, si bien que nous nous trouvions à bout de ressources.

Exaspéré, je me préparai à lui faire d'amers reproches. J'y renonçai quand je vis son attitude contrite et le spectacle lamentable qu'offrait la masse des gens qui l'avaient suivi.

Les pauvres Baguirmiens venaient, en effet, de subir de rudes épreuves. Leur marche depuis Sada n'avait été qu'une longue série de souffrances, car les Saras, les Toummocks et autres païens, apprenant la marche de la colonne de Gaourang, s'étaient enfuis sur son passage emportant ou cachant toutes leurs provisions, si bien que les vivres leur avaient fait rapidement défaut. De plus, comme les pluies avaient été fort rares, tous les cours d'eau étaient taris. Pour boire, Gaourang avait dû creuser des puits, quelquefois à de très grandes profondeurs... Dans ces conditions, une foule nombreuse de femmes, d'enfants affamés ou mourant de soif restèrent en arrière... On ne les revit jamais.

Quant à ceux qui avaient pu surmonter ces fatigues, ils étaient dans un état d'épuisement presque complet.

En présence de cette situation, je conseille à Gaourang de ne se faire suivre ni des hommes malades et fatigués, ni des femmes et des enfants qui pourraient regagner le Bahr-Erguig à petites journées. Le reste de la bande, comprenant environ 1 500 hommes, se mettrait en route immédiatement avec nous. Ce parti fut adopté.

Nous sommes presque sans vivres. Seule la chasse nous fournit la viande qui nous est nécessaire. Quant au mil, il se fait de

LA MARCHE SUR KOUSSOURI : L'AIGUADE

FOUREAU.

M. FOUREAU.
(PHOTOGRAPHIE PIROU, BOULEVARD SAINT-GERMAIN.)

plus en plus rare. Gaourang et sa troupe de Baguirmiens marchent sur la rive droite avec le convoi de munitions destiné à la mission Saharienne et un petit troupeau de bœufs que nous gardons comme réserve. Les trois compagnies sont sur la rive gauche et le convoi principal vient par le fleuve. Nous avons été rejoints par le lieutenant Larrouy et le docteur Ascornet. J'accompagne la colonne de la rive gauche.

Le trajet est atrocement pénible au milieu des buissons

PRÈS DE MAÏNHEFFA. LES PIROGUES MONTÉES PAR M. FOUREAU.

d'épines qui déchirent les chairs et entrent sous la peau, causant aux malheureux qui vont à pied des douleurs intolérables. On peut faire tout au plus des étapes de dix-huit kilomètres par jour.

Enfin nous avançons tout de même, lentement mais sûrement. Nous atteignons Magbala près de Maïnheffa le 14 avril. C'est là que je vois Foureau. Après la superbe expédition qu'il venait de faire à travers le Sahara, après les périls et les souffrances endurés, il avait terminé sa tâche. Son rôle d'explorateur scientifique était fini. Aussi s'était-il décidé à rentrer en France, laissant son escorte à ma disposition. Je lui fournis des embarcations convenables pour effectuer son retour et je conservai pour nous un convoi de pirogues de Koussouri, qu'il avait monté à notre intention.

Ces pirogues, quoique faisant eau de toutes parts, nous permirent de licencier presque tous nos porteurs et par suite d'alléger sensiblement notre convoi.

Nous passons, Foureau et moi, une bonne partie de la nuit à deviser. Il me raconte les longues étapes sans eau, qu'ils ont faites dans les solitudes sahariennes, et les périls qu'ils ont

RENCONTRE AVEC FOUREAU.

LE COMMANDANT LAMY (PHOTOGRAPHIE VALERY).

courus. Ah! ils avaient fait de bonne besogne, nos amis sahariens. Ils venaient d'accomplir un des plus beaux tours de force qu'on puisse citer en matière d'exploration. Mais à quel prix! Leurs chameaux, surmenés, périssaient l'un après l'autre, les bagages et les munitions qu'on ne pouvait transporter étaient détruits, si bien qu'ils étaient arrivés à Koussouri, manquant de tout, de vivres et même de vêtements. Quant aux munitions, il leur en restait très peu, à peine 130 cartouches par homme, c'est-à-dire de quoi soutenir une seule grosse affaire...

L'ennemi, ainsi que je l'ai appris plus tard par une lettre tombée entre mes mains, adressée par l'alifa de Goulfei à Rabah, était instruit de cette disette de cartouches de la mission Saharienne. C'est ce qui explique, du reste, le départ de Dikoa de Rabah et sa marche sur Koussouri.

Au matin, je me sépare de Foureau qui continue sa route, non sans l'avoir remercié de la résolution qu'il a prise de revenir par le Congo. C'est à cette décision que je dois d'avoir un renfort aussi important et un concours aussi précieux que celui de la mission Saharienne.

Notre route se poursuit aussi rapidement que nous le permet notre convoi venant par eau, lequel me cause beaucoup de souci. Je demande au commandant Lamy d'envoyer au devant de ce convoi une escorte sérieuse par la rive droite, afin que je sois complétement tranquille sur sa sécurité.

Mais les événements se sont succédé avec la plus grande rapidité. Rabah a accéléré sa marche sur Koussouri. Il s'est en réalité installé à six kilomètres de la place et s'y est fortifié, sans que ses mouvements aient pu être signalés d'une façon certaine. Ce qui paraît probable au commandant c'est que le fameux chef soudanais n'est pas très loin de la ville et qu'il lui est impossible de se démunir d'aucun de ses défenseurs.

Voici quelques extraits d'une lettre que le commandant m'écrit à la date du 14 avril 1900 :

Monsieur le Commissaire du Gouvernement,

J'ai l'honneur de vous accuser réception de votre lettre qui vient de me parvenir à l'instant même. Permettez-moi d'y répondre paragraphe par paragraphe :

1° Vous me demandez d'envoyer au-devant de vous à Bougoman vers le 15 avril.

Actuellement, la place de Koucheri (Koussouri) peut être considérée comme en état de siège et il m'est absolument interdit de m'absenter, nos patrouilles, à douze ou quinze cents mètres de la

NOUVELLES DU COMMANDANT LAMY

place, ayant été attaquées avant-hier et hier. Ainsi que je vous l'avais proposé dans ma lettre numéro vingt-cinq, la position de Koucheri est de tout premier ordre. C'est elle qui doit être choisie comme notre base d'opérations, puisqu'elle commande à la fois les vallées du Chari et du Logone et qu'elle permet de tomber sur Karnak-Logone, sur Goulfei ou sur Dikoa *suivant ce que vous aurez décidé*.

2º La prise de Logone [1] aurait pu s'effectuer le 10 mars, si je l'avais voulu; le gros inconvénient que présentait le fractionnement de mes deux missions, m'a empêché d'exécuter cette opération qui était encore relativement facile, il y a quelques jours; mais je vois d'après des renseignements qui viennent de me parvenir ce matin, qu'actuellement, ce serait une grosse affaire, qui nécessitera la réunion de toutes nos forces, car Rabah, apprenant votre approche, a dû quitter brusquement son camp de Kala-Moulé et, tournant Koucheri par l'Ouest, a dû rallier Karnak-Logone à marches forcées, sans doute dans le but de vous tendre un piège, sur la rive gauche du Chari.

Ce que je vous dis là est plutôt une hypothèse, car l'autre version qui court ici est la suivante : enhardi par les petites escarmouches livrées les 11, 12 et 13 avril, sous les murs mêmes de Koucheri, dans le but de nous faire sortir de la place et de nous attirer dans une embuscade, Rabah aurait quitté son camp à vingt-deux ou vingt-quatre kilomètres au Nord-Ouest de Koucheri et sur les bords mêmes du Chari, il serait venu s'embusquer à très peu de distance de Koucheri afin de tomber sur la place à la première imprudence commise par nous et avant votre arrivée.

Comme vous le voyez, la situation est fort grave et la moindre faute commise peut occasionner des événements dont il est impossible de calculer la portée ou l'issue...

Signé : Lamy.

1. Ce deuxième paragraphe était écrit en réponse à une lettre de moi dans laquelle je m'informais auprès du commandant s'il ne serait pas opportun de commencer les opérations par la prise de Logone, place forte située entre Koussouri et nous.

L'EMPIRE DE RABAH.

Comme on le voit par cette lettre, écrite à la date du 14 avril, les deux missions se trouvaient à peu près bloquées dans la ville, sans grandes munitions et sans approvisionnements.

De plus, on était sans renseignements certains sur Rabah qui était à cette date occupé à construire un retranchement à six kilomètres environ au Nord-Ouest de la ville.

C'est pour pouvoir opérer en paix la construction de son camp, qu'il avait envoyé des partis de cavaliers excessivement entreprenants, qui dans les trois escarmouches mentionnées par le commandant avaient tué une dizaine d'hommes aux nôtres, entre autres deux tirailleurs algériens à la garde du troupeau.

C'est dans les environs de Bougoman que me parvinrent ces nouvelles du commandant Lamy, c'est-à-dire à quelques journées de marche de Koussouri. Il fallait se dépêcher.

Gaourang, qui nous suivait toujours, avait, fort heureusement pour nous, fait la découverte d'un de ses anciens silos de mil encore intact; il en partagea le contenu avec nous, de sorte que nous nous trouvâmes à la tête d'une vingtaine de jours de vivres en grains pour nos hommes.

Après Bougoman, nous atteignons Miskin, puis Milé. Nous sommes tout près de Logone, occupé par Fad-el-Allah. Nous nous attendons à une attaque; mais personne ne se présente au devant de nous, et cependant Fad-el-Allah et Rabah sont renseignés sur notre marche [1].

Seule une petite patrouille de cavaliers, venus par la rive droite en éclaireurs, nous est signalée par le chef de Milé qui a reçu de l'un d'eux une balle qui lui a éraflé le crâne. Apercevant les Baguirmiens en nombre sur la rive gauche, ils s'enfuient sans même nous avoir découverts, cachés que nous sommes dans des fouillis de brousse épineuse.

Chaque jour qui s'écoule nous rapproche davantage de la mission Saharienne. Le 21, à midi, nous nous préparons à déjeuner et, au moment de nous mettre à table, on m'annonce l'arrivée du

[1]. Dans la correspondance de Rabah tombée entre mes mains se trouve une lettre de Fad-el-Allah à son père, lui annonçant mon passage à Maïnheffa.

LE LOGONE EN FACE DE KOUSSOURI.

capitaine Reibell et du lieutenant de Chambrun. Avec quelle joie nous les voyons venir, on le devinera aisément.

Certes, nous n'étions ni les uns ni les autres en état de paraître élégants à une réception mondaine quelconque ; mais si minables que nous fussions, nous paraissions des gentlemen à côté de nos amis Reibell et Chambrun. « Et pourtant, nous dirent-ils, nous avons mis ce que nous avons de mieux. » Ce mieux était un assemblage de bandes d'étoffes du pays cousues ensemble, auxquelles on avait essayé de donner une forme de vêtement... On juge que ce ne devait pas être très luxueux.

Le repas terminé, nous nous remettons en route, et, à une heure, nous sommes enfin en face de Koussouri. Une foule immense se trouve campée sur la rive droite du Logone. Ce sont les Arabes bornouans qui ont fui avec tous leurs troupeaux et sont venus s'installer à l'abri de la citadelle. Il y a là au moins dix mille personnes et des troupeaux de bœufs et de moutons en grand nombre.

Dès que nous sommes signalés, tout ce monde se porte au-devant de nous. Les femmes poussent des « *you-you* » perçants, les hommes brandissent leurs lances et tirent des coups de fusil. Confiant au capitaine Robillot le soin de s'occuper de l'opération du passage du fleuve, laquelle est d'ailleurs très simplifiée par le grand nombre de pirogues qui se trouvent accostées sur le rivage, je traverse le Logone pour me rencontrer sur la rive gauche avec le commandant Lamy, qui m'y attend entouré de tous ses officiers.

UNE COUR DE MAISON À KOUSSOURI.

Je laisse à penser quelle émotion profonde s'empare de nous tous. De semblables sensations ne se décrivent pas. Nous ne parlons pas, à vrai dire, mais les étreintes et les poignées de mains qui se distribuent sont tellement chaleureuses qu'elles en disent plus que de longs discours... La jonction des trois missions est donc un fait accompli. C'est la première fois que dans les annales coloniales on ait à citer un fait semblable.

Trois troupes parties l'une de l'Algérie, l'autre du Sénégal, la troisième du Congo, s'étaient rejointes en plein Centre Africain, malgré des difficultés de toutes sortes, malgré les pires souffrances, malgré les combats, malgré tout.

En vérité, une belle page d'histoire venait de s'écrire là. Elle réalisait définitivement le fameux programme tracé par le Comité de l'Afrique française, auquel s'étaient consacrés tant de dévouements, et qui avait déjà coûté tant de vies humaines... depuis Flatters, Crampel et Casemajou, jusqu'à Bretonnet et de Béhagle.

JONCTION DES TROIS MISSIONS.

LA MARCHE SUR KOUSSOURI. — PASSAGE DU LOGONE.

Pendant que s'opère le passage du Logone par nos troupes, j'entre dans Koussouri avec le commandant Lamy. La ville, qui s'étend tout le long du fleuve, est bâtie en forme de demi cercle. Elle est entourée, sauf du côté du Logone où la berge est très élevée, d'une enceinte en terre battue, épaisse à la base de plusieurs mètres et allant s'amincissant vers le sommet. Plusieurs portes en bois très dur permettent l'accès dans la ville. Un terrain vague, large de deux cents mètres environ, sépare les maisons de la muraille.

Cet espace sert d'emplacement pour le marché. C'est là aussi qu'on jette tous les détritus de la ville.

Dès qu'on y pénètre, on est saisi par une odeur insupportable de poisson corrompu et de chair en décomposition. L'air est vicié par les cadavres de chevaux qui pourrissent dans le fleuve...

Le commandant, à qui je fais part de l'impression désagréable que je ressens, m'apprend que, lors de la prise de Koussouri, les Rabistes avaient traversé le Logone pour fuir. Vigoureusement poursuivis par les tirailleurs algériens et soudanais, qui du haut de la berge tiraient sur eux, ils laissèrent

L'EMPIRE DE RABAH.

dans le fleuve bon nombre des leurs, ainsi que des chevaux. Comme on n'avait pu les enterrer, leurs cadavres restaient là, empoisonnant l'atmosphère et la rivière, dont l'eau n'était plus potable.

Les maisons de Koussouri, assez mal entretenues en général, tombent pour la plupart en ruines. Beaucoup sont surmontées de terrasses et ont un premier étage. Des murs les entourent, constituant ainsi des cours où sont construites de petites cases en terre servant à loger les esclaves.

Le commandant habite la maison de l'alifa de Koussouri qui est relativement confortable. C'est une espèce de forteresse aux murs extérieurs très épais. Une porte en bois énorme se trouve à l'entrée principale, qui donne accès à une espèce de voûte servant de corps de garde.

De là on pénètre dans une première cour, au fond de laquelle se trouve la maison d'habitation, qui se compose d'une vaste salle où très vraisemblablement le propriétaire, gros personnage, donnait ses audiences. Au-dessus, une terrasse et des petites maisons en pisé couvertes de chaume. C'est ce logis que je partagerai avec le commandant Lamy.

Je m'y établis avec lui et nous causons. Depuis quelques jours, il est tout à fait renseigné sur les mouvements de l'ennemi dont il connaît maintenant la position exacte. Tous les soirs, des patrouilles de deux ou trois hommes, commandées quelquefois par un officier, vont reconnaître le terrain, soit par terre, soit par eau.

Le commandant n'a qu'une crainte, c'est qu'en apprenant notre arrivée, Rabah ne déguerpisse. Aussi me demande-t-il d'ordonner l'attaque pour le lendemain. J'hésite un peu : nos hommes sont bien fatigués ; pourra-t-on disposer tout le matériel en quelques heures ? Peu importe, on le fera.

Toutefois il reste un point délicat à régler. Rabah est en territoire reconnu à l'Allemagne. Les conventions internationales nous empêchent d'y pénétrer. Comment faire ? Heureusement le commandant Lamy, lors de son passage à Zinder, a

LE CHEIK DU BORNOU OMAR SCINDA.

LA VEILLÉE DES ARMES.

trouvé en cette ville le fils aîné de Hachim, l'avant-dernier sultan du Bornou. C'est lui qui est l'héritier légitime du trône du Bornou, qu'il revendique d'ailleurs. Seul, à défaut de l'Allemagne qui n'a pas encore occupé le pays, il peut nous autoriser à pénétrer sur son territoire. Je lui fais donc écrire par Gaourang une lettre de véhémente protestation contre les agissements de Rabah. Je lui représente la violation du territoire baguirmien et les excès qui s'y sont commis. Enfin je le mets en demeure de remédier à cet état de choses qui ne saurait durer plus longtemps.

Le cheik Omar Scinda répond à Gaourang qu'il trouve ses réclamations très légitimes, mais que, ne disposant pas de forces suffisantes pour venir à bout de Rabah, il autorise Gaourang et ses alliés à pénétrer en territoire bornouan et à se joindre à lui pour lutter contre l'ennemi commun.

Cette pièce me permet d'agir à ma guise. Je ne commettrai, en entrant au Bornou de cette façon, aucune violation de territoire, puisque j'y suis autorisé, à défaut de la puissance protectrice qui n'occupe pas le pays, par le chef de l'État protégé. Ceci réglé, je pouvais rédiger l'ordre du jour suivant :

Le Commissaire du gouvernement,

Vu ses pleins pouvoirs,

Décide :

Les opérations contre Rabah seront dirigées par M. le chef de bataillon Lamy, qui, en outre des troupes déjà sous son commandement, disposera des troupes du Chari.

L'objectif de la colonne sera toujours Rabah qui sera attaqué partout où il se trouvera.

Signé : GENTIL.

En possession de cette décision, le commandant Lamy fixe ses instructions de détail. Tous les officiers sont appelés et reçoivent des ordres. Il est prescrit que nos troupes seront sur pied le lendemain à six heures. On travaillera même la nuit s'il le faut. Chacun se met à la besogne sans tarder.

Pendant ce temps, je règle diverses questions politiques avec

L'EMPIRE DE RABAH.

Gaourang et le cheik Omar, qui sont installés chez moi. Le pauvre cheik ne paie pas de mine. Petit de taille, la figure osseuse, il est vêtu, plus que simplement, d'une longue robe bornouane et d'un pantalon d'étoffe légère. Il est chaussé de babouches en cuir jaune, et a la tête couverte d'une sorte de petite calotte d'un blanc sale. Il ne quitte pas son chapelet, qu'il égrène constamment en causant. A côté de lui, et assis sur le même tapis, Gaourang, splendidement vêtu, écoute les doléances du cheik Omar et lui fait les siennes.

Il est vraiment très drôle de regarder ces deux fourbes, l'un gros, l'autre maigre, qui essaient de se tromper réciproquement. Gaourang tient à rentrer en possession de toutes les femmes que lui a enlevées Rabah et cherche à persuader au cheik Omar qu'il doit les lui restituer. Ce dernier, qui se voit déjà sur le trône du Bornou, ne songe pas sans inquiétude au danger que vont courir ses futurs sujets, en face des 1 500 Baguirmiens qui se trouvent en territoire bornouan; aussi est-il très accommodant. A tout ce que demande Gaourang, le cheik souscrit presque immédiatement. En retour, Gaourang promet au cheik Omar qu'il punira sévèrement celui de ses hommes qui fera le moindre tort à un Bornouan. Bref, ils sont d'accord sur tous les points, et alors ils se congratulent et se serrent les mains avec effusion...

Tandis que devisent ces deux hommes, les nôtres achèvent leurs derniers préparatifs. La nuit se passe ainsi, sans que personne ferme l'œil. C'est la veillée des armes. L'heure décisive va bientôt sonner où nous nous mesurerons de nouveau avec l'armée de Rabah.

VII

Combat de Koussouri. — Mort de Rabah. — Mort du commandant Lamy. — Chute définitive de l'empire de Rabah. — Marche sur Dikoa. — Poursuite de ses fils. — Retour de la mission Saharienne. — Rabah, son œuvre.

Le 22 avril au matin, les troupes se rassemblent en dehors de la ville pour marcher à l'ennemi. On a laissé à Koussouri une garnison d'une centaine d'hommes, composée principalement de malades et de blessés, sous les ordres du lieutenant de Thézillat, non encore guéri de la blessure qu'il a reçue au combat du 9 mars.

Les effectifs à la disposition du commandant Lamy sont les suivants [1] :

Mission du Chari : 3 compagnies ayant un total de 340 fusils avec 500 coups à tirer par fusil; 2 canons de montagne de 80 millimètres approvisionnés à 250 coups par pièce.

Mission Afrique Centrale : 174 fusils avec près de 300 coups par fusil; une pièce de 80 millimètres de montagne avec une trentaine de coups à tirer seulement.

Mission Saharienne : 274 fusils avec 130 coups par fusil, plus 50 fournis par nous; un canon de 42 millimètres à tir rapide avec 200 coups environ.

Les deux missions, Afrique Centrale et Saharienne, mal approvisionnées en munitions, comme on le voit, avaient une cavalerie très bonne. Les troupes du Chari n'en avaient pas, mais en revanche possédaient des munitions d'infanterie en quantité suffisante et une artillerie excellente. La réunion de ces trois groupes entre les mains du commandement militaire

1. Desquels il faut retirer la garnison laissée à Koussouri.

L'EMPIRE DE RABAH.

lui assurait tous les avantages possibles en personnel et en matériel. On pouvait envisager l'avenir avec confiance.

A six heures du matin, les troupes sont réunies. Le commandant Lamy fait appeler à l'ordre les divers chefs de groupes et leur résume une dernière fois son plan d'attaque.

Son exposé est simple et lumineux. « C'est bien compris, n'est-ce pas, Messieurs ? Je compte sur vous. Et maintenant, en route ! »

La colonne s'ébranle, suivie des Baguirmiens, au nombre de six cents fusils et de deux cents cavaliers environ. Je l'accompagne. Le sentier que nous suivons est étroit et bordé d'arbres et de buissons épineux. On marche tout simplement à la file indienne. Le convoi de munitions, porté à dos de chameaux, a une section d'escorte et vient en arrière. Les canons sont traînés sur leurs affûts.

Les renseignements sur la position de l'ennemi, rapportés depuis trois ou quatre jours par les reconnaissances, étaient si précis, que pas la moindre erreur n'est commise. On prend la formation de combat à un kilomètre environ du tata de Rabah, pendant que les Sahariens et l'artillerie continuent leur route.

Le plan du commandant est le suivant :

La mission Saharienne, commandée par le capitaine, aujourd'hui commandant, Reibell, a reçu l'ordre, d'effectuer un mouvement tournant sur la gauche. La mission Joalland, ou Afrique Centrale, doit commencer l'attaque sur la droite. Enfin la mission du Chari, commandée par Robillot, tenue en réserve à la disposition du commandant, doit appuyer les efforts des troupes de Joalland, dès que le combat sera entamé.

Le tata de Rabah était formé par un vaste carré de huit cents mètres de côté, composé de palanques ; une levée de terre de soixante-dix centimètres de hauteur environ protégeait ses défenseurs contre les feux de notre infanterie. Sur trois cents mètres, le terrain autour du tata est soigneusement nettoyé de tout ce qui peut gêner le tir ; heureusement pour nous, il se trouve au delà de cette zone une broussaille assez épaisse qui

COMBAT DE KOUSSOURI.

met un peu nos soldats à l'abri du feu. Placé sous un arbre, à quatre cents mètres du tata, je puis distinguer les diverses phases de l'action. L'artillerie est en batterie non loin de moi et ouvre son feu. Elle est dirigée par le capitaine Bunoust [1], le lieutenant Martin et le maréchal des logis Papin.

La mission Afrique Centrale a l'honneur de commencer l'attaque. Son feu est dirigé contre des gens qui sont sortis pour aller couper de l'herbe aux chevaux et qui se hâtent de rentrer dans l'enceinte. Évidemment, l'ennemi ne s'attend pas à une attaque aussi soudaine. Il riposte néanmoins très vite et son feu s'étend bientôt sur toute la ligne.

Pendant une demi-heure la mission Afrique Centrale, qui avance lentement, soutient l'effort des Rabistes. Elle commence à perdre beaucoup de monde, car elle a atteint le terrain découvert.

A ce moment, pensant que le mouvement tournant des Sahariens s'est effectué, le commandant Lamy engage les troupes du Chari qui entrent en ligne, et joignent leurs feux à ceux de leurs camarades de la mission Afrique Centrale.

L'artillerie tire avec une méthode parfaite. Pendant près d'une heure, la fusillade est très intense ; celle de l'ennemi diminue peu à peu. Son artillerie ne prend qu'une faible part à l'action. Rabah réserve sans doute ses coups pour le dernier moment.

Il est midi. Le combat dure depuis deux heures. Les tirailleurs du Chari avancent par bonds. On a de la peine à les tenir. Le capitaine Robillot se tourne alors vers le commandant : « Mon commandant, c'est le moment... — Attendez encore un instant », dit Lamy ; mais ses troupes sont si ardentes qu'il renonce à les contenir plus longtemps. « Eh bien, allez donc ! »

La charge sonne, vibrante, entraînante. La 1re compagnie (Galland) s'élance sur la palissade ; son chef est blessé d'un coup

---

[1]. Le capitaine Bunoust, à califourchon sur un arbre, vraie cible vivante offerte aux balles, règle le tir de sa batterie avec un calme et un sang-froid admirables.

de lance, la 2ᵉ (de Cointet) vient derrière au pas gymnastique; son capitaine, beau comme un héros, est en tête, superbe d'allure, son sabre à la main. Pressé par ses hommes qui se ruent à l'assaut, il se retourne vers eux : « Ne me dépassez pas, surtout ! » Et tous, les uns poussant les autres, ils abordent les palissades.

La compagnie de Lamothe, qui vient derrière, a la chance de trouver devant elle une porte ouverte qui lui donne passage. Elle entre dans le tata ; les 1ʳᵉ et 2ᵉ compagnies y sont aussi. L'ennemi, bousculé, ne peut tenir et abandonne la place pour s'enfuir. Les tirailleurs de Joalland et ceux du Chari poursuivent les fuyards à la baïonnette. C'est une vraie boucherie aux portes, trop étroites pour laisser passer toute cette foule hurlante, grouillante, qui cherche à fuir le massacre. La journée est à nous, le tata est pris.

Tout semble fini. Le commandant, qui est resté à cheval, ayant à côté de lui le lieutenant de Chambrun et le capitaine Robillot, est dans l'intérieur de l'enceinte. Tout d'un coup, de l'autre côté des palissades, on voit des fusils qui sortent par les intervalles existant entre les pieux ; une décharge terrible retentit. Le commandant Lamy tombe, gravement blessé, le capitaine de Cointet est tué, le lieutenant de Chambrun est blessé d'une balle qui lui casse le bras.

Voici ce qui s'était produit. Rabah, chassé du tata, avait été obligé de fuir. Mais bientôt dans un mouvement d'enthousiasme, il se décidait à revenir vers son retranchement où il voulait mourir. Entouré de quelques fidèles, il ordonna un retour offensif et fit ouvrir le feu de l'extérieur des palissades sur les nôtres qui étaient dans le tata. C'est cette dernière décharge qui nous coûta des pertes aussi cruelles [1].

Pendant ce temps les Baguirmiens, que j'ai toutes les peines du monde à empêcher de tirer, de peur qu'ils ne tuent les nôtres, arrivent au tata. Les gens de Rabah, et Rabah lui-

---

[1]. Cette tentative suprême de Rabah ne put réussir, grâce au sang-froid de Robillot, qui, aidé du sergent-major Fournier, du fourrier Fontenaut et du maréchal des logis Baugnies, refoule rapidement l'ennemi.

PRISE DU TATA DE RABAH, LE COMMANDANT LAMY BLESSÉ À MORT.
(DESSIN DE MADAME PAULE CRAMPEL)

COMBAT DE KOUSSOURI.

même, s'enfuient, abandonnant deux bannières sur le terrain [1] ; celles-ci sont ramassées immédiatement et on entre dans le fort.

Le capitaine Robillot, auquel le commandant Lamy vient de passer le commandement, a sous la main une section. Voyant les Baguirmiens, qui, portent ces deux bannières, il les prend un instant pour des gens de Rabah et va ordonner le feu. Heureusement pour eux et pour moi qui les accompagne, ils sont reconnus à temps. Pendant quelques secondes même, on croit voir en eux ceux dont le feu d'infanterie nous a coûté des pertes si cruelles. Mais je sais moi, qui ne les ai pas quittés, qu'ils n'ont pas tiré un seul coup de fusil, et bientôt du reste, de tous les côtés à la fois, nous parvient un récit identique quant à l'origine de cette décharge si meurtrière.

Dès mon arrivée dans le tata, j'apprends par le lieutenant Galland, blessé lui-même, les pertes que nous avons subies. Robillot me montre le corps de de Cointet : son visage est calme, presque souriant ; il n'a pas du tout souffert.

De là je vais voir le commandant Lamy qu'on a porté sous la propre tente de Rabah. Il est couché sur un lit (*angareb*) fait avec des lanières en peau, sur lesquelles se trouve un tapis épais.

Le docteur Allain est occupé à le panser ; une balle lui a traversé le bras et a atteint la poitrine. Il est en pleine connaissance et me tend la main ; très ému, je m'assieds à côté de lui ; il cause encore très facilement. « Et Rabah ? me demande-t-il. En a-t-on des nouvelles ? ». Je lui réponds qu'on le croit en fuite. Le lieutenant de Chambrun, qui se trouve sous la même tente, est assis à côté de nous ; il souffre beaucoup. On ne peut pas encore se prononcer sur la gravité de sa blessure.

De nouvelles décharges se succèdent alors ; je quitte la tente et je vais aux informations. C'est l'artillerie qui ouvre le feu sur les fuyards, car ceux-ci, s'étant rencontrés avec les troupes de la mission Saharienne, ont obliqué à droite et essaient de traverser la rivière.

1. Voir Note 7.

L'EMPIRE DE RABAH.

A ce moment le capitaine Reibell fait son entrée dans le camp. Robillot s'avance vers lui et lui dit : « Mon cher, je vous remets le commandement des troupes que m'a passé, en votre absence, le commandant Lamy ».

LES TROIS PIÈCES DE QUATRE REPRISES À RABAH.

Reibell était de quelques jours plus ancien que Robillot; c'était donc à lui que revenait l'honneur de remplacer le commandant.

Les deux officiers se serrent la main silencieusement et Reibell repart à la poursuite de l'ennemi, pendant que Robillot rassemble les compagnies. L'intérieur du tata est un véritable charnier; des chameaux, des bœufs, des chevaux éventrés par les obus à mitraille gisent lamentablement; des morts et des blessés rabistes en grand nombre sont couchés là; on trouve même quelques femmes et quelques enfants, car les chefs avaient amené leurs femmes avec eux et les balles aveugles sont venues frapper plusieurs d'entre elles Près des portes surtout, c'est un amas effrayant de corps; presque tous ceux qui sont là ont été frappés à coups de baïonnette.

De notre côté, les pertes étaient beaucoup moins nombreuses, mais nous avions à déplorer la mort du vaillant capitaine de Cointet, et la blessure du héros qui venait de nous donner la victoire, blessure mortelle, hélas! à laquelle il ne devait pas survivre longtemps.

Enfin, parmi les blessés, outre le lieutenant de Chambrun et le capitaine Galland déjà mentionnés, le lieutenant Meynier

NOS PERTES.

LES ÉTENDARDS DE RABAH.

avait reçu une balle à l'articulation du genou ; son état paraissait très grave. Les pertes des trois groupes indigènes se décomposaient comme suit :

Mission du Chari : dix tués ou morts de leurs blessures et vingt-sept blessés, soit 13 pour 100 de l'effectif engagé.

Mission Afrique Centrale : sept tués et quinze blessés, soit 13 pour 100 également hors de combat.

Mission Saharienne : deux tués, onze blessés, soit 6 pour 100 hors de combat.

L'ennemi laissait sur le terrain un millier de morts, tous ses étendards et les trois pièces de canon prises à Bretonnet, qui restaient abandonnées en dehors du tata.

On rassembla alors les blessés sous un grand arbre où l'excellent docteur Allain, assisté de ses camarades Haller et Ascornet, se mit en devoir de les panser.

L'EMPIRE DE RABAH.

Assis sous ce même arbre, nous causions des divers incidents du combat, quand deux tirailleurs, s'avançant vers moi, me dirent : « Rabah est mort ».

Depuis tant d'années, on m'annonçait cette mort toujours démentie, que je crus à un faux bruit, et haussant les épaules, je leur répondis : « Eh bien ! s'il est mort, apportez-le moi ».

Les deux tirailleurs s'en vont et dix minutes après reviennent avec une tête fraîchement coupée. « Voilà Rabah.... »

De suite j'appelle Samba Sall qui a vu de près le conquérant soudanais, puisqu'il a été son prisonnier après Togbao... Je l'interroge... « Oui, me répondit-il, c'est la tête de Rabah. »

D'autres personnes arrivent ensuite, qui toutes me confirment l'exactitude du fait. Un des petits esclaves de Rabah, qui est couché, percé d'une balle dans le flanc, reconnaît aussi la tête de son maître.

Le tirailleur, qui a apporté ce sanglant trophée, appartient à la mission Afrique centrale. Ancien soldat de Rabah, il a déserté depuis quelque temps et a été engagé par le capitaine Joalland. Il me raconte que se lançant à la poursuite des fuyards, il avait aperçu un homme paraissant blessé qui cherchait à se dissimuler derrière des buissons. De peur qu'il ne s'échappât, il lui tira un coup de fusil qui l'atteignit en pleine tête.

Il s'approcha alors de sa victime dans laquelle il reconnut Rabah.

J'avoue que mon premier mouvement fut de la pitié. Cet homme, dont la tête sanglante gisait à mes pieds, fut un brave, et la façon dont il s'était défendu aurait dû lui valoir au moins d'avoir la vie sauve... Certainement, s'il était tombé vivant entre mes mains, je l'aurais épargné. Mais la destinée ne l'a pas voulu ainsi. La justice immanente était intervenue, lui faisant à son tour payer ses crimes et le sang des innocentes victimes, qu'il avait immolées depuis tant d'années. Et je songe aussitôt à la fin tragique de ce chef si longtemps victorieux, qui commandait à des milliers d'hommes, qui remplissait toute l'Afrique Centrale du bruit de ses conquêtes et de ses cruautés

LA TÊTE DE RABAH.

et qui tombait seul, abandonné de tous, durant la retraite de son armée...

J'allai de suite annoncer moi-même cette nouvelle au pauvre commandant Lamy, sur son lit de douleur. Le vaillant soldat eut un sourire de contentement. Se sentant déjà mourir, il s'en allait certain que le sacrifice de sa vie, qu'il venait de faire si noblement, si héroïquement, n'avait pas été inutile.

Cependant tout se tait. Les quelques détonations qu'on entend encore de temps en temps se font de plus en plus rares. Les troupes se rassemblent peu à peu dans l'intérieur du tata. Le capitaine Reibell revient ; je le prie de faire venir un courrier rapide au lieutenant de Thézillat pour lui annoncer le résultat de la journée, et pour lui demander de faire venir les embarcations en acier et le chaland, afin d'y mettre les blessés. C'est la seule façon de pouvoir les ramener à Koussouri, sans les faire trop souffrir.

Nous attendons les embarcations pendant plus de deux heures. Autour de nous c'est le spectacle de la mort hideuse, sous toutes ses formes. Le sang des cadavres, qui s'est coagulé, prend une teinte brune et déjà une odeur fade et pénétrante s'en dégage. Les oiseaux de proie, les vautours s'abattent sur ce charnier et commencent leur lugubre festin. C'est horrible !

Enfin, le chaland et les baleinières accostent. On conduit le commandant Lamy, le lieutenant de Chambrun, le lieutenant Meynier, le lieutenant Galland, ainsi que les autres blessés, dans le grand chaland. Les morts sont placés dans les baleinières. Le commandant Lamy semble avoir perdu connaissance ; son cœur ne bat plus que faiblement, ses extrémités sont froides. Le docteur Haller accompagne le convoi qui remonte le fleuve.

Une heure après, nous faisons notre rentrée dans Koussouri. L'attitude de la population a complètement changé. Les figures des indigènes, que j'avais remarquées sombres et inquiètes dans la matinée, paraissent rayonnantes. On nous accueille par des salves et des cris de joie.

L'EMPIRE DE RABAH.

En hâte nous regagnons nos demeures respectives; vers huit heures du soir seulement, le convoi de blessés arrive à Koussouri. Le docteur Haller, débarquant le premier, vient nous annoncer la mort du commandant.

Bien que prévue, cette nouvelle nous atterra. Ce valeureux soldat, que j'avais vu le matin même si plein de vie, donnant ses ordres d'une façon si nette, n'était plus qu'un cadavre. Ah! la victoire qu'il nous avait donnée, coûtait bien cher! Ses soldats avaient perdu en lui un chef admirable, et le pays, un de ses plus brillants officiers. Pourquoi fallait-il qu'un triomphe aussi complet fût assombri par un pareil deuil!

Nos morts sont rassemblés dans le tata. Dès le lendemain matin, on fait leur toilette funèbre et l'on se dispose à les ensevelir.

Toute la garnison a pris les armes pour accompagner à leur dernière demeure les braves qui sont tombés; nous allons les enterrer à l'extérieur de la ville dans l'espace libre compris entre les maisons et les remparts. Il plane alors sur nous tous, sur les nôtres comme sur les indigènes, une immense tristesse. La terre qui va recouvrir nos morts de la veille est une terre lointaine, mais Dieu merci! c'est une terre française qu'ils ont conquise au prix de leur sang.

Après quelques paroles d'adieu prononcées par le capitaine Reibell, par le capitaine Robillot et par moi, les tombes sont refermées et l'on se retire pour se préparer à poursuivre les opérations.

Pendant que se livrait le combat de Koussouri, Fad-el-Allah était en effet resté cantonné dans la ville de Logone. Une partie des fuyards rabistes l'y avaient rejoint et lui avaient apporté la nouvelle de la mort de son père. Il importait de le chasser de la ville.

Aussi, dès le surlendemain, 25 avril, la colonne, sous les ordres du capitaine Reibell, se met en route. Elle a été précédée par une reconnaissance de cinquante hommes de la mission Afrique centrale, sous les ordres du sergent Souley

A LA POURSUITE DE L'ENNEMI.

LE CIMETIÈRE DE KOUSSOURI OÙ SONT ENTERRÉS LE COMMANDANT LAMY
ET LE CAPITAINE DE COINTET.

Tarooré. Cette reconnaissance arrive devant Logone et trouve la ville complètement évacuée. Fad-el-Allah n'a pas voulu attendre l'attaque, et s'est enfui vers Dikoa, où se trouve son frère Niébé.

La colonne rentre donc à Koussouri. Il fallait cependant en finir avec nos adversaires. En conséquence, je rédigeai l'ordre suivant :

Le Commissaire du gouvernement au Chari, vu ses pleins pouvoirs,

Considérant que la présence des bandes rabistes à Dikoa est une menace permanente pour la sécurité des pays de protectorat français;

Considérant que le sultan légitime du Bornou, seule autorité régulière et constituée existant actuellement dans ce pays, ne peut s'opposer aux dévastations des hordes de Fad-el-Allah, et qu'il autorise le passage sur ses territoires d'une colonne franco-baguirmienne; décide :

La marche sur Dikoa aura lieu demain matin, 27 avril;

L'EMPIRE DE RABAH.

M. le capitaine Reibell, commandant la colonne, devra s'abstenir de toute négociation politique avec les autorités du Bornou, conformément aux clauses du traité franco-allemand ;

Le droit de passage étant seul accordé, dès que les opérations contre Fad-el-Allah seront terminées, l'évacuation du Bornou se fera immédiatement, et les deux missions, Saharienne et Afrique Centrale, prendront leurs dispositions pour leur retour en France.

Signé : GENTIL.

Au jour fixé, tout est prêt pour la marche en avant. Des outres en peau de bouc (*guerbas*) ont été réquisitionnées ou achetées partout où l'on a pu s'en procurer; car, d'après les renseignements que nous avons, il y a fort peu d'eau sur la route qui s'étend entre Koussouri et Dikoa; les pièces de canon ont été installées sur des chameaux et un stock de vivres en grains, prélevé sur nos réserves, a constitué un petit approvisionnement pour la colonne, qui se met en marche dès le matin. Aucun incident ne se produit en cours de route; on ne rencontre même pas un éclaireur ennemi. Malgré la rapidité avec laquelle se meut la colonne (on a fait en une journée plus de 60 kilomètres), on arrive trop tard. Dikoa vient d'être évacué dans la nuit. La ville a l'air d'être abandonnée; les maisons sont à peu près vides, car dès le départ de Fad-el-Allah, une bande de pillards s'est abattue sur la ville qu'elle a mise à sac.

Seuls, quelques commerçants tripolitains, ayant vu que la fortune abandonnait les fils de Rabah, avaient renoncé à les suivre et s'étaient décidés à attendre les événements dans la ville. Ils avaient naturellement pris une large part au pillage qui avait précédé l'arrivée des troupes françaises. Un peu avant d'atteindre les portes de Dikoa, les nôtres, qui étaient en formation de combat, virent venir à eux sept ou huit individus, gesticulant et courant. C'étaient les serviteurs de de Béhagle, qui avaient pu s'enfuir et qui venaient au devant de nos troupes.

Pauvres gens, ils étaient bien heureux de voir leurs épreuves terminées ! C'est par eux qu'on obtint enfin des rensei-

A DIKOA.

INTÉRIEUR DU PALAIS DE RABAH À DIKOA.

gnements à peu près exacts sur le sort et la fin malheureuse de notre compatriote. Ils savaient qu'on l'avait exécuté en place publique, mais ne pouvaient donner aucun détail précis sur ce qu'on avait fait de sa dépouille mortelle; car, prisonniers eux-mêmes, ils n'avaient pu être témoins de sa mort qu'ils n'avaient apprise que par des indiscrétions de domestiques ou d'esclaves.

Dikoa était donc évacué; mais Fad-el-Allah ne devait pas être très loin, car sa marche, alourdie par les bandes nom-

L'EMPIRE DE RABAH.

breuses de femmes et d'esclaves qui suivaient à pied, ne pouvait être très rapide.

Le capitaine Reibell décida la poursuite immédiate, en laissant le capitaine Robillot et les troupes du Chari à Dikoa pour y tenir garnison.

Une colonne volante de 150 hommes en grande partie montés, prise parmi les troupes des missions Saharienne et Afrique Centrale, plus mobiles, devait seule procéder à cette poursuite.

Tout était prêt, quand un incident qui aurait pu avoir les suites les plus graves se produisit. Nos troupes étaient cantonnées dans le palais de Rabah et s'y installaient, lorsque la poudrière qui se trouvait au milieu d'une des cours fit explosion. Un incendie se déclara alors, soudain, effrayant. On eut à peine le temps de préserver les armes et les munitions. Une vingtaine de fusils cependant furent brûlés, et quelques obus éclatèrent. Ce ne fut pas une mince affaire que de sauver tout le matériel d'artillerie dans cette fournaise. Les hommes s'y employèrent, sous la direction de Robillot, avec le plus grand dévouement. Grâce à eux, de terribles accidents purent être évités. Cet événement, dû très probablement à la malveillance, ne coûta heureusement aucune vie humaine, mais les deux officiers d'artillerie, le capitaine Bunoust et le lieutenant Martin, qui tout près de la poudrière s'occupaient de l'installation de leur matériel, furent horriblement brûlés et faillirent perdre la vie. Les blessures du lieutenant Martin se guérirent assez vite; celles de Bunoust, plus graves, l'immobilisèrent près d'un mois.

On perdit ainsi quelques heures à éteindre l'incendie et à remettre tout en ordre. Après quoi Reibell et Joalland purent enfin partir.

Ils atteignirent le gros des troupes de Fad-el-Allah assez rapidement à Déguemba et lui infligèrent des pertes sérieuses. Les cavaliers de la mission Afrique Centrale devancèrent même les fuyards, et, mettant pied à terre, tirèrent sur eux, jusqu'à épuisement presque complet des munitions. L'affaire, très rondement menée par Reibell, Joalland et le lieutenant Rondeney, ne

NIARINZÉ RETROUVÉS PAR LES TROIS MISSIONS EN 1901.

COMBATS CONTRE FAD-EL-ALLAH.

nous coûta pas grand monde. Malheureusement, le docteur Haller, toujours emporté par sa bravoure, reçut, sur la ligne de feu une balle qui lui cassa la cuisse. Ce fut de notre côté la seule perte. L'ennemi au contraire laissa beaucoup de monde sur le terrain, abandonnant un grand nombre de prisonniers. Complètement démoralisé, il fuyait maintenant, presque sans combattre. Il faut cependant excepter de cette défaillance générale des Rabistes, un des conseillers intimes de Rabah, nommé Fakhi Ahmed El Kebir. Son fils ayant été mortellement atteint à ses côtés, il le prit dans ses bras en disant : « Tu es bien mon sang, toi », et en tirant un pistolet de sa ceinture, il s'élança sur nos soldats, s'écriant : « J'en veux tuer au moins un ». Il eut le temps de faire feu, mais tomba percé de balles.

HADJIA, FILLE DE SENOUSSI.

La blessure du docteur Haller et la nécessité où l'on se trouvait de renvoyer les prisonniers à Dikoa fit que l'on perdit deux jours. La poursuite recommença ensuite et l'ennemi, atteint une seconde fois, laissa encore beaucoup de monde entre nos mains. On était allé jusqu'à Isgué, aux frontières du Mandara.

C'est là que s'arrêta cette poursuite homérique qui fait le plus grand honneur aux troupes qui y ont pris part, et à leurs chefs le capitaine Reibell, le capitaine Joalland et le lieutenant Rondeney. Ils avaient ramassé environ 500 fusils et 7 000 à 8 000

L'EMPIRE DE RABAH.

prisonniers, pour la plupart esclaves bornouans ou baguirmiens, qui furent remis en liberté et qui purent regagner leur pays.

Parmi les prisonniers de marque se trouvaient trois des femmes légitimes de Fad-el-Allah, entre autres Hadjia, fille de Senoussi, mère du fils de Fad-el-Allah nommé Mahmoud. La Pahouine Niarinzé, compagne de Crampel dans son expédition, fut aussi reprise, ainsi que maintes épaves ou débris des expéditions africaines qui nous avaient précédés. C'était en un mot l'anéantissement final de la puissance barbare qui avait terrorisé si longtemps l'Afrique Centrale, qui venait de s'accomplir. Gloire à ceux qui y ont contribué ! Lamy, Robillot, Reibell, Joalland, et tous leurs collaborateurs, peuvent être fiers de leur œuvre. Ils ont porté haut et ferme le drapeau de la France.

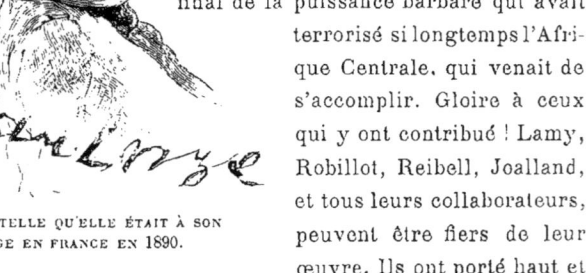

NIARINZÉ, TELLE QU'ELLE ÉTAIT À SON VOYAGE EN FRANCE EN 1890.

Pendant que s'accomplissaient tous ces événements, je restais installé à Koussouri où je négociais avec les divers chefs rabistes, qui erraient fugitifs, entre Dikoa et Koussouri.

N'ayant pu rejoindre Fad-el-Allah, ils n'avaient plus qu'une ressource, celle de se rendre. C'est ce qu'ils firent les uns après les autres. Il en venait à moi tous les jours et la certitude qu'ils avaient, non seulement d'avoir la vie sauve, mais de conserver leurs familles et leurs biens, ne contribuait pas peu à nous amener des soumissions. Comme ils rendaient en même temps leurs armes, nous fûmes bientôt en possession de 1 500 fusils environ. C'était bien la débâcle finale et la chute de l'empire de Rabah.

Le 24 mai 1900, date mémorable, tout était fini. Les trois

DISLOCATION DE LA COLONNE.

missions étaient de retour à Koussouri où elles ramenaient leurs prisonniers et des troupeaux considérables.

A cette date, la colonne d'opérations contre Rabah est disloquée. Chacun des chefs de mission reprend le commandement de ses troupes. La mission Saharienne, sous les ordres du capitaine Reibell, fait ses prépatifs de départ.

Quarante pirogues ont été réquisitionnées par mes soins. Elles doivent porter le grain nécessaire à la nourriture des troupes et quelques vivres aux Européens. Deux baleinières en acier et les embarcations en bois sont également mises à la disposition du capitaine Reibell, pour lui permettre le transport de ses malades et de ses blessés. Une centaine d'hommes avec le capitaine prendra la route de terre, et sera accompagnée d'un fort convoi de bœufs, destiné à donner aux hommes la ration de viande.

Le capitaine de Lamothe reçoit l'ordre d'aller occuper Bousso. le lieutenant Kieffer d'aller s'installer à Maïnheffa. Des troupeaux de bœufs et de moutons ont déjà été dirigés sur ces points depuis quelque temps, grâce au sultan du Baguirmi. Ces mesures permettront à la mission Saharienne de trouver de la viande sur tout son parcours. En outre, les postes de Fort-Archambault et de Gribingui ont reçu les instructions nécessaires pour pourvoir au ravitaillement des 250 hommes qui rentrent, et pour disposer en leur faveur du quart de leurs approvisionnements. Tout étant ainsi réglé, la mission Saharienne se met en route pour la France sans tarder. Je conserve encore quelque temps à ma disposition la mission Afrique Centrale et le capitaine Joalland, pour ne pas me démunir tout de suite d'une trop grande quantité de monde. Après quoi, je décide de nous établir définitivement sur la rive droite en face de Koussouri. Ce point que j'ai déjà fait occuper, pendant la marche sur Dikoa, commande à la fois le Logone et le Chari. Il est d'une importance capitale au point de vue stratégique. Malheureusement, le terrain n'est pas très élevé au-dessus du niveau du fleuve. Il est à craindre que dans les très grandes crues, il ne soit légèrement inondé. Enfin, nous n'avons pas le choix et l'on commence la

L'EMPIRE DE RABAH.

construction du nouveau poste qui reçoit le nom de Fort-Lamy. Ce sera le chef-lieu de la région administrative que je vais créer et dont le commandement est confié au capitaine Robillot.

Les postes de Maïnheffa et de Bousso, qui doivent être fondés en même temps, s'appelleront désormais Fort-de-Cointet et Fort-Bretonnet. Avec le poste de Fort-Archambault, déjà terminé, nous aurons ainsi une ligne d'occupation le long du Chari, qui nous permettra de commander efficacement tout le pays.

Il me reste maintenant pour terminer ce chapitre à entrer dans quelques détails sur la vie de Rabah, dont jusqu'ici je n'ai fait que prononcer le nom.

Les origines du conquérant noir sont assez obscures. Les uns le disent de descendance royale, les autres le donnent comme le fils d'un esclave, esclave lui-même, qui aurait été acheté par un traitant soudanais nommé Zobeir. Ce Zobeir et Rabah, il y a une quarantaine d'années, eurent l'occasion d'escorter dans le Bahr-el-Ghazal une Européenne, qu'on désignait sous le nom de *señora* (très vraisemblablement Mlle Tinné). Son voyage accompli, elle rentra en Égypte et fit cadeau à Zobeir de toutes les armes qu'elle possédait. On était alors au moment de la conquête du Soudan par les Égyptiens. Zobeir, qui s'était avancé très au Sud, avait fait du Bahr-el-Ghazal son centre d'opérations, et s'y était taillé un véritable royaume. Les Égyptiens, ne voulant pas entrer en lutte avec lui, préférèrent négocier et il fut convenu que la province du Bahr-el-Ghazal serait placée sous la suzeraineté de l'Égypte, mais que Zobeir en serait le gouverneur au nom du vice-roi. On lui donna à cette occasion le titre de pacha et on l'invita à venir au Caire faire visite au Khédive. On l'y retint prisonnier. Son fils Soleiman qui le remplaçait, se révolta en apprenant cette nouvelle. Battu dans une première rencontre par les troupes égyptiennes de Gessi-Pacha, Soleiman, sur la promesse qu'on lui fit de lui laisser la vie sauve, se rendit. Rabah, qui se trouvait être un des personnages les plus influents de l'entourage de Soleiman, avait refusé de le suivre, disant qu'il n'avait pas la moindre confiance en Gessi. Bien lui en prit, car Soleiman, malgré la parole donnée, fut exécuté. Pour se mettre à l'abri des poursuites de Gessi, Rabah s'enfonça dans le Sud, avec ceux qui étaient décidés à partager sa fortune. Il disposait alors de quatre cents fusils, grâce auxquels il put se livrer à des razzias fructueuses en pays Banda et Kreich, où il séjourna jusqu'en 1885. C'est alors qu'il reçut avis de la prise de Khartoum et du triomphe du mahdi Mohammed Achmet.

Ce dernier invita Rabah à l'aller trouver à Khartoum et lui envoya deux messagers, nommés Zin el Abbiddin et Djabar. Rabah ne fit aucune difficulté pour les suivre ; mais en arrivant aux frontières du Darfour, il apprit que le Mahdi avait l'intention de le faire assassiner. Il rebroussa chemin aussitôt et vint se cantonner dans son ancien territoire.

Il y vécut de razzias d'esclaves et d'ivoire jusqu'en 1891, date à laquelle la mission Crampel arriva chez Senoussi. Soit à l'instigation de Rabah, soit de sa propre autorité, Senoussi fit massacrer Crampel et remit à Rabah toutes les armes de notre malheureux compatriote, environ trois cents fusils dont une cinquantaine de fusils Kropatschek. Le reste se composait de fusils à piston, modèle 1842, en excellent état.

Rabah ainsi approvisionné commença sa marche vers le Nord. Attaqué par les Ouadaïens, sous le commandement de l'aguid Salamat, il faillit être vaincu. Il se tira cependant de cette mauvaise passe et, se rabattant un peu plus à l'Ouest, il arriva sur les rives du Chari, habitées par des populations païennes qui ne purent lui résister. En l'année 1893, il atteignit la frontière baguirmienne. Il attaqua tout de suite Gaourang, qui fut assiégé pendant cinq mois dans Maïnheffa. Les Baguirmiens, à bout de vivres, firent une sortie désespérée et réussirent en partie à s'enfuir, laissant entre les mains de Rabah de nombreux prisonniers.

L'aventurier ne s'attarda pas longtemps au Baguirmi et, après s'être emparé de Logone par surprise, il envahit le Bornou. Ce dernier pays avait alors comme sultan Hachim. Vieux et peu

L'EMPIRE DE RABAH.

belliqueux, celui-ci voulut traiter avec Rabah, mais son neveu Kiari, outré de sa lâcheté, le tua, prit le pouvoir à sa place et marcha au-devant de Rabah qu'il rencontra non loin de Kouka.

Les débuts de la journée furent favorables aux Bornouans qui battirent les Rabistes complètement et s'emparèrent de leur camp, qu'ils mirent au pillage. Ce fut leur perte. Outré de sa défaite, Rabah rassembla ses soldats et leur reprocha leur lâcheté en termes violents. Il fit ensuite distribuer à chacun de ses chefs de bannière cent coups de courbache sur les reins, sans même excepter son fils Fad-el-Allah qui avait une grave blessure au bras. Seul, parmi ses chefs, Boubakar, le plus vaillant d'entre eux, fut exempt du châtiment. Après quoi, on se rua de nouveau sur les Bornouans, qui, surpris de ce retour imprévu, furent mis en déroute.

Kiari refusa de s'enfuir et, mettant pied à terre, attendit ses ennemis. Fait prisonnier, il fut amené devant Rabah qui lui demanda où était Kiari. « Il est devant toi et ne sollicite aucune pitié », répondit-il.

Le vainqueur lui donna le choix entre la mort ou la mutilation.

Kiari s'écria qu'il préférait la mort. On lui trancha la tête immédiatement. Après quoi, Rabah marcha sur Kouka qui fut détruit de fond en comble. Dans sa victoire, il n'épargna personne, et l'on m'a dit que plus de trois mille femmes ou enfants furent égorgés ce jour-là. Frappés de terreur, les Bornouans se soumirent et subirent le joug jusqu'au moment où Rabah à son tour paya ses crimes de sa vie.

Examinons maintenant son rôle, pendant les sept années qu'il fut sultan du Bornou.

Malgré l'horreur qu'on éprouve à la pensée de tous les forfaits qu'il a commis, on ne peut se refuser à lui accorder une certaine admiration. Après avoir vaincu le Bornou et le Baguirmi avec une poignée d'hommes, il rêvait la conquête du Ouadaï qui attendait sa venue en tremblant. Sans notre intervention, il aurait mis son projet à exécution au cours de l'année même qui fut celle de sa mort. Et s'il avait réussi, comme tout le faisait prévoir, on peut se demander avec anxiété ce que serait devenue l'œuvre de pénétration européenne, dans des régions qui eussent alors été tout entières acquises à un fanatisme intransigeant.

La mort, fort heureusement, ne lui permit pas d'accomplir ses desseins et vint arrêter son œuvre, qui n'était pas sans grandeur, si l'on en juge par ce qu'il fit au Bornou.

Dès que ce pays fut soumis, le nouveau sultan l'organisa. Il se rendit vite compte de l'impuissance qui résultait, pour le chef du pays du fait du système féodal des Bornouans, lequel, mettant en face du pouvoir la puissance des grands seigneurs, créait ainsi des séries d'États dans l'État ; mais d'un autre côté, nouveau venu, il vit que la tâche d'administration directe devenait impossible dans un pays, dont lui et ses gens ignoraient la langue et les mœurs.

Il laissa donc à la tête des diverses provinces des chefs locaux servant d'intermédiaires entre la population et le pouvoir suprême ; mais en même temps, il mit ces chefs sous la dépendance de ses principaux lieutenants [1], qui reçurent ses instructions et qui, résidant presque continuellement près de lui, ne pouvaient lui inspirer aucune crainte.

C'était en somme une dictature militaire remplaçant le gouvernement féodal. Un système d'impôts était créé, chaque gouvernement devait fournir une certaine quantité de revenus, dont la moitié était pour Rabah, l'autre moitié pour le chef militaire et le gouverneur. Rabah ne semble pas avoir simplement employé ses revenus à la satisfaction de jouissances matérielles. Il avait la conception d'une caisse publique, destinée à subvenir à l'entretien des troupes organisées en bannières (compagnies de 150 à 250 fusils), à la construction de bâtiments sains et confortables, enfin à la constitution de magasins de vivres en prévi-

---

1. La grande majorité de ces lieutenants était des Djellabas, originaires des bords du Nil. D'origine arabe, ils étaient, pour la plupart, très métissés de sang noir.

sion des campagnes prochaines. Si l'on ajoute à cela que, outre l'impôt, il augmentait ses ressources du produit des razzias faites au Baguirmi et aux pays païens, on comprendra aisément que, loin de diminuer la richesse du Bornou, Rabah l'a augmentée considérablement aux dépens de ses voisins.

Aussi pouvait-on prévoir que, dans un délai très rapproché et contrairement à nos premières idées, la population bornouane se serait non seulement résignée, mais aurait accepté le joug avec satisfaction.

Cette constatation, que j'eus l'occasion de faire, me démontra que dans le travail d'organisation que j'allais avoir à entreprendre, j'avais tout intérêt à m'inspirer de la méthode de Rabah, en y apportant, bien entendu, tous les tempéraments que l'humanité nous commandait.

VIII

Voyage à Dikoa. — Récit de la mort de de Béhagle. — Organisation des pays conquis. — Considérations générales sur leur avenir et sur le parti que nous en devrons tirer. — Retour en France.

AVANT de procéder à l'organisation définitive du pays que la vaillance de nos soldats vient de conquérir à la France, il me faut d'abord aller régler avec le cheik du Bornou un « modus vivendi » indispensable pour éviter des violations de frontière. De plus, je veux avoir des renseignements précis sur la mort de de Béhagle, ce qui m'oblige à aller à Dikoa.

Le capitaine Joalland, dont j'ai déjà utilisé les services en lui faisant faire une reconnaissance jusqu'à Logone, m'accompagne avec tout son monde. J'ai de plus, avec moi, sous le commandement du lieutenant de Thézillat, une quarantaine de tirailleurs et quelques spahis auxiliaires [1] qui doivent me servir d'escorte au retour.

Le terrain entre Koussouri et Dikoa est généralement très plat. La pluie n'est encore tombée qu'une fois ou deux ; aussi tout semble sec et aride. Des étendues de plaines immenses, où poussent quelques arbres chétifs et rabougris, c'est tout ce qu'on aperçoit. Nous avons vraiment la sensation d'un paysage saharien et ce spectacle n'a rien de bien attrayant.

On ne trouve de l'eau que très difficilement et quelle eau ! Jaune et boueuse, elle n'est presque pas potable. En la tamisant au travers d'un linge, il se dépose sur l'étoffe une couche de vase gluante très épaisse. Quand on fait le café avec cette eau, la

---

1. Ces spahis provenaient des anciens cavaliers de Rabah qui s'étaient rendus. J'en ai fait constituer un escadron par le lieutenant de Thézillat. Cet escadron est actuellement formé. Quelques-uns d'entre eux avaient pris part à l'attaque dirigée contre Prins à Fadjié.

L'EMPIRE DE RABAH.

SPAHIS AUXILIAIRES, ANCIENS SOLDATS DE RABAH ENGAGÉS À NOTRE SERVICE.

mixture obtenue ressemble tout à fait à du café au lait. Cette eau n'est pas agréable à boire et je me dis, à part moi, que ce n'est vraiment pas la peine d'avoir fait tuer tant de monde, d'avoir tant souffert pour conquérir des contrées aussi deshéritées... Mais en prêtant un peu d'attention aux choses qui m'entourent, mes idées se modifient peu à peu. D'abord, nous rencontrons à chaque instant de nombreux villages. Le pays est très habité et sa population est très dense. Tous ces gens-là boivent évidemment et, de fait, il y a des citernes dans tous les villages. De plus, ce que j'ai pris pour des plaines incultes et désertes, ce sont en réalité d'immenses champs qui viennent d'être ensemencés. Partout, il y a des rigoles, qui permettront à l'eau des pluies de séjourner dans les champs et de les irriguer..... Notre première étape nous conduit à Maltem, puis de là à Affadé, qui est une vraie ville fortifiée, ressemblant beaucoup à Koussouri. La population est accueillante.

CAVALIERS AUXILIAIRES.

VOYAGE A DIKOA.

Autour de la ville, de nombreux villages arabes se sont élevés ; ils sont en général d'une saleté repoussante. Il est curieux que leurs habitants, qui prétendent être d'essence plus noble que les vrais Bornouans, consentent à vivre d'une façon aussi peu confortable. Et cependant ils sont riches, possèdent de nombreux troupeaux et produisent du mil en très grande quantité. De plus, malgré les croisements qu'ils ont subis, le type sémite s'est fort bien conservé chez eux. Ils sont en général très beaux et leur teint est beaucoup plus clair que celui des Baguirmiens ou des Bornouans, qui sont de purs noirs. Leurs femmes sont souvent fort jolies et savent s'habiller avec assez d'élégance, mais elles sont très sales.

Nous mettons six jours pour accomplir notre trajet. Partout, nous sommes bien accueillis. Bornouans et Arabes nous apportent à chaque étape du lait frais et du beurre. Le cheik du Bornou, qui nous accompagne, reçoit sur sa route de forts contingents de soldats, dont beaucoup sont armés de fusils. Plus on se rapproche de Dikoa, plus la population est dense. Le terrain étant très plat, on distingue les objets de très loin ; tous les trois ou quatre kilomètres, nous rencontrons des villages arabes, ou de petites villes fortifiées, comme N'Gala, Ourselé, etc., qui sont bâties sur de petites éminences. Si Rabah, au lieu de venir au devant de nous, avait eu l'idée de se défendre dans tous ces petits fortins et de se replier ensuite, quand il eût été sur le point d'être débordé, il n'est pas douteux qu'on ne serait jamais venu à bout de lui, car les munitions nous auraient vite fait défaut. Il est bien heureux qu'il n'y ait pas songé.

Le matin à huit heures nous passons en face d'Adjiré, résidence du Dikoama, ou gouverneur de Dikoa. C'est une petite bourgade sans importance, on ne dirait vraiment pas qu'elle abrite un aussi gros personnage.

Enfin, nous sommes en vue de Dikoa. L'impression ressentie est grandiose. Si loin que la vue s'étende, on aperçoit des murailles et l'on est frappé de la régularité des constructions. Tout est très propre ; on sent qu'il y a eu là un maître sachant

L'EMPIRE DE RABAH.

VUE D'ENSEMBLE DE DIKOA.

se faire obéir. Dikoa se compose, à proprement parler, de deux villes, l'une extérieure avec les habitants, les commerçants, le marché, les maisons de campagne des grands personnages; l'autre intérieure, entourée d'une muraille très régulièrement construite, qui contient à peu près exclusivement les palais des grands seigneurs et de leurs clients immédiats.

Cette deuxième ville est réellement fort belle. Reconstruite complètement par Rabah, qui en a fait sa capitale, Dikoa est incontestablement un des centres les plus élégants, en même temps que des plus populeux, de toute l'Afrique Centrale. Les palais de Rabah, de Niébé, de Fad-el-Allah surtout, se distinguent, entre tous, par leur aspect grandiose.

Le palais de Rabah est une vraie ville avec ses rues, ses cours intérieures, ses couloirs, ses maisons. Il comprend une enceinte haute de quatre mètres environ, de plus de cent mètres de côté. Une porte principale, épaisse de plusieurs mètres, donne accès dans l'intérieur. Sous la voûte de la porte, sont ménagées des espèces de corps de garde où se tiennent des sentinelles. Cinq cours assez étroites, closes de murailles, se succèdent

DIKOA.

UNE DES COURS DU PALAIS DE RABAH APRÈS L'EXPLOSION DE LA POUDRIÈRE.

avant qu'on atteigne les appartements de Rabah, qui sont situés dans une vaste maison aux murs très épais, avec un premier étage. Au rez-de-chaussée, il y a trois grandes salles ; celle du milieu était la salle d'audience. Comme il n'y a pas de bois de très grandes dimensions dans le pays, on a jumelé ensemble une dizaine de madriers légers, qui ont permis de faire des piliers de soutènement. Le tout a été recouvert d'un crépissage en torchis fort bien fait. Avec les tapis recouvrant le parquet, les sièges, les coussins et le lit de repos où s'accumulaient des étoffes épaisses, l'appartement, tel qu'il était quand Rabah l'occupait, devait avoir très grand air. J'avais la sensation de me trouver dans quelque vieux manoir du moyen-âge Non loin des appartements de Rabah, et communiquant avec eux, était une cour principale où s'élevaient les habitations de ses femmes, habitations plus ou moins élégantes, suivant le rang

L'EMPIRE DE RABAH.

de celles qui les occupaient. On me dit que le nombre de ces femmes, épouses, concubines ou esclaves, s'élevait environ à un millier. Enfin, il y avait encore dans ce palais deux grandes cours où se trouvaient la poudrière et les magasins. Cette dernière partie, ayant sauté à la suite de l'explosion de la poudrière, n'offrait plus guère que des ruines.

Les habitations de Fad-el-Allah et de Niébé ressemblaient à celle de leur père. Elles étaient naturellement plus petites. Celle de Niébé offrait cependant quelques ornements et quelques sculptures assez primitives sur sa façade principale.

Entre les divers palais s'étendaient de vastes espaces, formant des places d'une régularité presque géométrique. Et ce qui frappa surtout nos troupes lorsqu'elles pénétrèrent dans la ville, c'était l'état de propreté véritablement extraordinaire qui régnait dans cette ville et même en dehors.

Lorsque j'y arrivai, cela avait déjà changé. On voyait que le maître avait disparu et que les Bornouans l'avaient remplacé. Quoi qu'il en soit, je rapportai de mon séjour à Dikoa l'impression de quelque chose de grand, d'une vie intense et d'un mouvement de population comme je n'en avais pas encore vu en Afrique.

Il était vraiment dommage que ce joyau de l'Afrique nous échappât, puisqu'il appartient aux territoires reconnus par les traités à l'Allemagne, et j'avais le cœur bien gros en pensant que si nous avions servi nos intérêts, nous avions par la même occasion beaucoup travaillé... pour le roi de Prusse.

Dikoa, ville de construction toute récente, a remplacé Kouka comme capitale du Bornou. Kouka, à l'heure qu'il est, n'est plus qu'un amas de ruines et est presque complètement désertée. Rabah, qui l'a détruite de fond en comble, s'était installé à Dikoa et, par la force des choses, la nouvelle cité était devenue un centre commercial d'une très grande importance.

On peut voir à Dikoa toutes les populations du centre de l'Afrique, depuis le noir le plus foncé jusqu'au blanc le plus clair. Le Tripolitain, le Fezzanais, ce courtier de l'Afrique, y

DIKOA.

coudoient le Haoussa et le Djellaba des bords du Nil. Le Bornouan, le Foulbé, le Baguirmien s'y promènent côte à côte. C'est un mélange de races, de costumes bizarres. Les esclaves bandas, kreichs, saras, mousgous, gamergous y circulent en foule. Les jours de marchés importants surtout, la grande place offre une extrême animation. On y trouve tout ce que l'on veut, étoffes du pays, bandes de coton, soieries de Lyon, tissus de soie et coton, étoffes anglaises, sucre, café, thé, quincaillerie, bijoux de corail et d'or. On peut s'y approvisionner très facilement.

INTÉRIEUR DU PALAIS DE NIÉBÉ, FILS DE RABAH.

Il n'est d'ailleurs pas étonnant qu'il en soit ainsi. De tout temps, le Bornou a été réputé pour l'importance de ses transactions. Les descriptions qu'en ont faites Barth et Monteil en témoignent suffisamment. Cette prospérité du Bornou a été la cause de sa perte. Ayant la vie trop facile, les Bornouans se sont amollis et, plongés dans le vice et la débauche, ils ont été une proie facile pour les bandes de Rabah. Celles-ci, disciplinées, menées très durement, habituées à une vie frugale, n'ont pas eu de peine à vaincre leurs adversaires. Mais peu à peu, les vainqueurs s'accoutumèrent à la vie large qu'ils s'étaient procurée. Ils devinrent des raffinés et commencèrent, eux aussi, à perdre quelque peu de leurs qualités guerrières. L'existence était trop agréable à Dikoa, la débauche y régnait en maîtresse.

Les femmes libres, les concubines ou les esclaves, originaires de tous les coins de l'Afrique, se livraient aux pires excès.

L'EMPIRE DE RABAH.

Fad-el-Allah et Niébé, les deux fils de Rabah, étaient réputés pour leurs aventures galantes. Ils s'étaient, de plus, adonnés à l'ivrognerie la plus abjecte. La chronique scandaleuse du pays était à leur sujet pleine des récits les plus édifiants.

J'ajouterai que, comme conséquence de cet état de choses, la délation et l'espionnage étaient florissants partout. Chacun se méfiant de son voisin, de ses femmes, de ses enfants, les faisait surveiller étroitement par tout un peuple d'eunuques et de matrones à sa disposition.

Aussi, bien des innocents payèrent-ils de leur vie un geste imprudent, une parole insignifiante, un acte irréfléchi. La propre mère de Fad-el-Allah et de Niébé, femme légitime de Rabah, fut une des victimes de cet esprit soupçonneux qui régnait à la cour du Bornou. Son mari, rentrant triomphalement à Dikoa, à la suite d'une expédition victorieuse, elle se porta au-devant de lui à la porte du palais. Dans sa hâte, ayant oublié de mettre ses chaussures, elle emprunta celles d'un soldat de garde. Rabah en fut averti aussitôt. Incontinent, il la fit saisir, ainsi que le soldat, et tous deux eurent la tête tranchée.

Un autre fait aussi triste m'a été rapporté sur le compte de Rabah. Il se promenait un soir, dans les cours de son palais, quand il aperçut une de ses concubines, étendue sur une natte à la porte de sa maison. Il faisait très chaud. La jeune femme, qui s'était endormie profondément, était à moitié dévêtue. Sur sa poitrine nue pendait un sachet à amulettes, retenu par un cordon passé autour de son cou.

Doucement Rabah s'approche d'elle, coupe le cordon, s'empare du sachet et rentre dans ses appartements, où il mande près de lui un de ses *fakkis* (lettrés). Il lui remet le sachet et lui ordonne de faire la lecture des papiers qu'il contient. Le fakki s'exécute aussitôt.

« O mon seigneur, — dit-il à Rabah, — il n'y a dans ce papier que de bonnes choses. Celle qui a fait faire cette amulette, n'a eu qu'un désir, celui d'être aimée de toi pour la vie.

— Comment, chien ! oses-tu prétendre que ce papier contient

LES ENFANTS DE RABAH.

de bonnes choses ? Une femme a eu l'audace d'essayer d'avoir une influence sur ma volonté, et tu trouves qu'elle n'a pas commis une action blâmable !... Tu es donc d'accord avec elle ?... Vous allez mourir tous deux... »

Et, en effet, tous les deux furent égorgés.

Il me faut encore, puisque j'ai parlé de Rabah et de ses fils, mentionner sa fille, nommée Haoua. Tout aussi dépravée que ses frères, elle semble leur avoir été de beaucoup supérieure par son intelligence. Physiquement, elle ressemblait beaucoup à son père. Elle montait à cheval comme un homme, et avait coutume de revêtir le costume masculin. Tireuse remarquable, elle ne sortait jamais qu'armée d'un fusil. Elle épousa successivement trois maris. Le premier mourut de mort violente. Le second fut Hayatou, le fils révolté du sultan de Sokoto. Hayatou ayant échoué dans sa tentative de rébellion contre son père qu'il voulait déposséder du trône, fut réduit à la fuite. Accompagné de quelques centaines de cavaliers, il se réfugia à Balda dans le Mandara, où il se tailla une petite principauté. Rabah, qui venait de faire la conquête du Bornou et qui avait des visées sur le Sokoto, espérant que Hayatou l'aiderait dans ses projets d'expansion, négocia avec lui et lui donna sa fille en mariage.

Tous les renseignements que j'ai pu recueillir sur Hayatou me le représentent comme un personnage très sympathique, une sorte de redresseur de torts. Très pieux, il s'était élevé avec véhémence contre les crimes et les exactions commis par son père sur ses sujets musulmans. C'est au nom de la religion outragée, qu'il se souleva contre lui. Avec de semblables idées, il ne pouvait non plus approuver les actes de Rabah. Aussi fut-il bientôt en désaccord avec lui.

Soutenu dans son opposition par sa femme, qui, très ambitieuse, rêvait de succéder à son père, au préjudice de ses deux frères, il n'hésita pas à se mettre en révolte ouverte.

Rabah, ayant réuni une forte armée, envoya contre lui son fils aîné Fad-el-Allah. Les deux troupes se rencontrèrent non

L'EMPIRE DE RABAH.

loin de Koussouri. Écrasé par des forces supérieures, Hayatou lutta jusqu'au bout, très courageusement. Il fut vaincu et tué.

Quant à Haoua, déçue dans ses espérances, elle ne tarda pas à rentrer en grâce auprès de son père, qui avait toujours eu un faible pour elle. Elle épousa alors en troisièmes noces un Djellaba nommé Hibid, avec qui elle était du reste liée déjà depuis fort longtemps.

On voit, par ce tableau, bien au-dessous de la vérité, que la vertu ne régnait pas en maîtresse parmi les Rabistes. Il n'en saurait d'ailleurs être autrement et il n'y a pas lieu de s'étonner d'un état de choses qui n'est que la conséquence naturelle de la pratique de la religion musulmane.

Les deux principes de la polygamie et de l'esclavage étant admis par l'Islam, une société musulmane doit être pervertie très rapidement. Pour ma part, je ne comprendrai jamais que l'on soutienne raisonnablement que ces gens-là sont capables de sortir de leur ornière.

Leur religion en fait des sectaires, des ignorants et des jouisseurs. On cite, dit-on, des musulmans instruits qui sont très tolérants. Erreur profonde ; s'ils sont tolérants, ils ne sont plus musulmans. Ils discutent, ils raisonnent : le musulman ne raisonne pas. L'ennemi, c'est l'infidèle, qui est taillable et corvéable à merci, qui doit peiner et souffrir pour que le croyant possède et soit heureux.

Il serait puéril de se fier le moins du monde à eux. Ils ne tiennent leur parole que quand ils ne peuvent faire autrement. D'ailleurs, une parole ou un traité signé avec des infidèles ne compte pas.

Cette thèse, qui demanderait à être développée longuement, ne saurait, faute d'espace, trouver sa place ici. Les faits ne me manqueraient pas pour étayer mon argumentation...

J'en reviens à mon séjour à Dikoa. Le cheik du Bornou, Omar Scinda, s'était réinstallé dans le palais de Rabah. De toutes parts, les soumissions lui parvenaient. Aussi était-il très heureux, si heureux même qu'il songeait à se servir de sa nouvelle

LE CHEIK DU BORNOU.

puissance pour ne pas me rendre les nombreux captifs bandas, originaires de la région du Gribingui, où Rabah les avait enlevés. Il finit cependant par m'en remettre un bon nombre parmi lesquels je trouvai des femmes de nos Sénégalais morts à Togbao. On conviendra que la reconnaissance n'était pas la vertu dominante de notre hôte.

On jugera encore mieux de ses bons sentiments en lisant l'anecdote suivante :

Après la mort de Kiari et la chute de l'ancien royaume de Bornou, celui qui devait plus tard être le cheik Omar s'était enfui à Zinder. Il y vivait d'une façon très précaire, presque misérable. Seule, une de ses femmes légitimes l'avait suivi. Pendant toute la durée de son exil, elle ne le quitta pas un instant et ne cessa de l'entourer de ses soins. Quand son mari rentra au Bornou sous la protection de la mission Saharienne, elle l'accompagna naturellement, prête à partager tous les dangers qu'il pouvait courir.

Elle en fut bien mal récompensée. Le jour où Omar, grâce à l'aide des trois missions françaises, fut remis en possession du trône de ses pères, il oublia tous les services que cette malheureuse femme lui avait rendus. La trouvant trop vieille, il la répudia, sans autre forme de procès, pour en épouser de plus jeunes.

Ce qui acheva de me rendre tous les Bornouans peu sympathiques, ce fut leur attitude envers tous ceux qui de près ou de loin avaient servi Rabah. Les vengeances exercées furent odieuses. L'un des chefs de bannière de Rabah, nommé Béchara, blessé en plusieurs endroits et incapable de se mouvoir, me fut présenté. Je demandai au cheik Omar de le bien traiter et d'assurer sa subsistance. Il me le promit. A peine avais-je quitté Dikoa, que le malheureux Béchara était étranglé.

Sa fille, qui ne l'avait pas quitté et qui le soignait avec le plus grand dévoument, fut entraînée par les femmes bornouanes sur la place du marché et mise à mort.

Je cite ce fait en particulier, mais il s'en est passé des cen-

L'EMPIRE DE RABAH.

taines d'autres aussi abominables. Décidément, la comparaison entre Rabah et ses successeurs était plutôt en faveur du premier. Pas plus cruel qu'eux, il avait du moins des qualités de bravoure qui faisaient à ceux-ci totalement défaut...

Après huit jours de séjour, où nous réglons ensemble provisoirement toutes les difficultés pendantes, je me dispose à regagner Fort-Lamy. La mission Joalland, de son côté, se dirige sur Zinder, où elle doit séjourner jusqu'au moment où elle sera relevée.

Le temps que j'avais passé à Dikoa m'avait aussi permis d'être définitivement renseigné sur les diverses circonstances de la mort de de Béhagle.

Voici quel est le récit qui m'en fut fait. De Béhagle, ayant quitté Prins, se rendit auprès d'Othman Cheiko à Koussouri. Il y fut bien reçu et dirigé sur Dikoa, selon sa demande.

En chemin, un courrier de Rabah lui enjoint de faire demi-tour. Il n'en tient aucun compte et continue sa route. Il arrive à Dikoa où Rabah, malgré son vif mécontentement, donne l'ordre de le recevoir.

Il est logé à proximité de la maison d'un des chefs de bannière, nommé Djebarrah, qui doit pourvoir à ses besoins. Peu après Rabah le reçoit. L'entretien débute d'une façon cordiale sur les assurances que lui donne de Béhagle qu'il est commerçant.

Malheureusement, les choses prennent une mauvaise tournure dès que Rabah, sachant que de Béhagle possède une certaine quantité de fusils à tabatière, exprime le désir de les lui acheter. Notre compatriote refuse net. Des paroles vives sont échangées et l'on se sépare fort mécontent l'un de l'autre.

Le lendemain, nouvelle audience. On reparle des fusils d'abord, puis la causerie dévie et on en vient à parler politique. De Béhagle critique vivement les actes de Rabah vis-à-vis de Gaourang, lui affirmant que s'il ne cessait pas ses incursions, il aurait à s'en repentir.

Furieux, Rabah le fait enchaîner. En même temps, toute sa suite est gardée à vue, ses marchandises et ses armes saisies;

LA MORT DE DE BÉHAGLE.

ses serviteurs lui sont enlevés et remplacés par d'autres.

De Béhagle, hors de lui, se met à invectiver Rabah, qu'il traite de « chien, fils de chien, esclave ».

Il se calme néanmoins peu à peu et sa nouvelle attitude, faite de calme et de dédain, inspire à tous un respect mélangé de crainte. Rabah, redoutant les conséquences d'un assassinat, n'ose pas le faire tuer. Il quitte Dikoa pour envahir le Baguirmi, laissant son prisonnier à la garde de son fils Fad-el-Allah.

Le combat de Togbao a lieu. Rabah, qui croit s'être débarrassé des Français pour toujours, envoie à Fad-el-Allah l'ordre de mettre de Béhagle à mort.

Ce dernier reçoit la nouvelle très froidement. Il se lève du lit où il est couché et dit : « Je dois mourir, c'est bien, les Français ne craignent pas la mort : je suis prêt ; mais rappelle-toi que je serai vengé ».

Des esclaves viennent alors et le portent sur leurs épaules jusqu'au lieu du supplice, la place du marché, où une potence est dressée.

Pendant le funèbre trajet, notre compatriote, jusque-là silencieux, se retourne vers Fad-el-Allah et lui dit : « Je vais mourir et n'ai point peur. Quant à vous autres, rappelez-vous toutes mes paroles : dans quelques mois, vous serez ou morts ou fugitifs. »

Ces paroles prophétiques frappèrent tous les assistants de terreur, mais n'empêchèrent point le crime de s'accomplir. De Béhagle fut pendu à la potence où l'on exécutait les criminels. Son corps fut ensuite jeté dans un puits où malgré toutes mes recherches, il me fut impossible de le découvrir.

Quelques mois après seulement, j'appris que la dépouille mortelle de M. de Béhagle avait été jetée dans le puits voisin de la maison de Djebarrah, où j'ai ordonné de faire pratiquer des fouilles.

Je quittai Dikoa le 15 juin pour reprendre la route de Fort-Lamy.

Quel changement s'est opéré en quinze jours ! La pluie,

L'EMPIRE DE RABAH.

tombée en abondance, a fertilisé toutes ces plaines qui me semblaient auparavant si désolées. Partout on rencontre des plantations pleines de promesses. Décidément, la région du Tchad est riche et vaut la peine d'être conquise. Nous n'en avons malheureusement qu'une partie, mais notre lot est encore assez beau pour qu'on ne puisse pas regretter les sacrifices consentis en hommes et en argent.

De retour à Fort-Lamy, je me préoccupai tout de suite de l'organisation générale des pays nouvellement conquis. Ils furent divisés en deux régions : 1° les territoires s'étendant depuis l'Oubangui jusqu'au septième parallèle réservés à l'administration civile ; 2° ceux placés au Nord du septième parallèle confiés aux officiers qui venaient d'en faire la conquête, sous la direction du capitaine Robillot.

Étant donné ce que j'ai dit de la constitution des états musulmans du Tchad et de l'œuvre de Rabah, il ne me fut pas difficile d'établir l'impôt chez des gens habitués à le payer. Aussi bien le principe en fut-il accepté immédiatement par les tribus arabes qui passèrent sous notre administration directe.

Quant au Baguirmi, qui avait conclu avec nous un traité de protectorat en 1897, je lui ai laissé son autonomie presque complète, avec la charge néanmoins de participer aux dépenses militaires d'occupation. De plus, nous avons reçu du sultan Gaourang le droit d'administrer directement le delta du Tchad, habité par des Arabes pasteurs et agriculteurs.

Enfin, toutes les rives du Chari sont aussi sous notre autorité directe. Gaourang a renoncé à son droit de razzia dans ces parages, ainsi que sur les populations païennes constituant une partie des groupes Sara, Nyellim, Kaba Mara, etc.

Nous sommes donc solidement installés dans les territoires de la région du Tchad. Actuellement, grâce aux renforts envoyés par la métropole, nous pouvons étendre notre action sur le Kanem qui réclame notre protection, et, dans un avenir prochain, nous serons en état de traiter définitivement la question du Ouadaï. Il n'est pas douteux qu'avant peu de temps

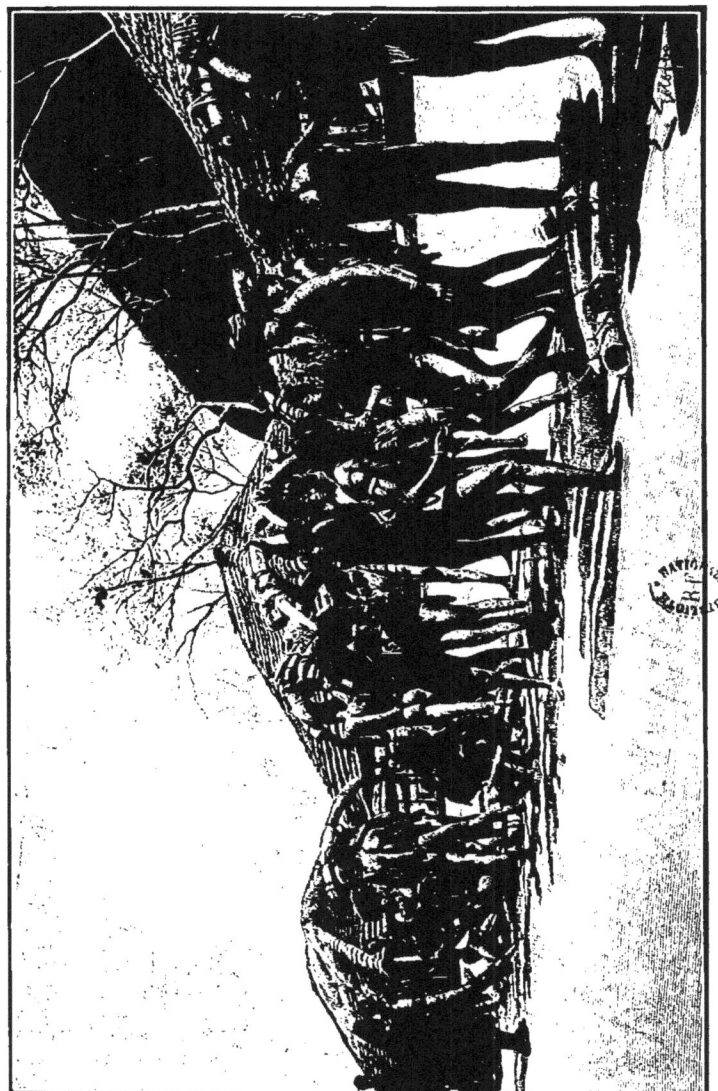

IVOIRE D'IMPÔT EXPÉDIÉ SUR BRAZZAVILLE.

ORGANISATION DES PAYS CONQUIS.

nous pourrons, grâce à l'impôt et aux taxes établies, diminuer de plus en plus nos dépenses.

La région du Tchad est riche en bétail et en grains de toute nature ; le blé même y vient ; de plus sa population nombreuse produit des cuirs, des plumes d'autruche et consomme en grande quantité des marchandises de provenance européenne, telles qu'étoffes, sucre, café, thé, quincaillerie, parfumerie, savon, bijoux d'or et d'argent, etc.

Nous pouvons donc espérer créer dans ces territoires un débouché pour nos produits, mais à la condition expresse de respecter l'organisation du commerce local. Ce commerce est tout entier entre les mains des Tripolitains, et il y aurait le plus grand danger pour l'avenir de nos possessions à vouloir les supplanter. Nous devons leur fournir les marchandises de vente dont ils ont besoin en créant des entrepôts, sans nous mêler nous-mêmes de transactions de détail. En un mot nous devons être leurs fournisseurs et non leurs concurrents.

La création de ces entrepôts, outre qu'elle serait très profitable aux commerçants qui voudraient l'entreprendre, leur permettrait de se livrer à un commerce local qui ne serait pas sans bénéfices. Je veux parler de la vente de troupeaux, qui seraient facilement transportés sur l'Oubangui, où l'on manque de viande de bœuf.

Tout ce que je viens de dire se rapporte surtout aux pays situés au Nord du dixième parallèle. Il n'en est pas de même des territoires situés entre le septième et le dixième, habités par des tribus païennes, partant assez primitives. Notre action sur elles sera beaucoup plus lente. D'ailleurs ce que je vais dire au sujet des peuplades vivant au Sud du septième parallèle se rapporte également à celles-là.

Région civile. — Les indigènes habitant la région civile se divisent en deux groupes ethniques principaux : les Bandas et les Mandjias.

Banda. — Les Bandas paraissent être d'origine nilotique. Leur migration s'est faite du Nord-Est vers le Sud-Ouest. Refoulés

L'EMPIRE DE RABAH.

par les razzias musulmanes, ils ont chassé à leur tour les gens de race mandjia qui se replient peu à peu vers l'Ouest. On rencontre ces deniers depuis le 18ᵉ degré de longitude Est jusqu'au delà de la Sangha.

Les Bandas sont agriculteurs, chasseurs, tisserands et forgerons ; leurs cases rondes en pisé, recouvertes d'une toiture en chaume sont habitées en moyenne par quatre personnes. Les tribus bandas sont fort nombreuses. Elles comprennent les N'Dis, les Kas, les M'Bis, les M'Brés, les Tambacos, les Marbas, les Ungourras, les G'Baggas, les N'Gaos et peut-être les Oudjious.

Les Bandas sont très braves et très guerriers. C'est parmi eux que Rabah s'est procuré ses meilleurs soldats. Il y a dans ce pays, pour l'avenir, une précieuse source de recrutement pour la milice du Congo. D'ailleurs on a déjà fait dans cet ordre d'idées des essais qui ont été très satisfaisants. Le Banda n'est pas seulement un bon soldat, il est aussi un travailleur excellent. Il n'est pas douteux que les compagnies commerciales du Congo, qui manquent si souvent de personnel indigène, pourraient trouver dans le pays banda des auxiliaires très utiles. Parmi les Bandas, les plus nombreux sont sans contestation les G'Baggas. Les plus intelligents et les plus redoutés sont les N'Gaos, qui ont subi l'empreinte musulmane plus profondément que leurs voisins. Ayant fait partie des rezzous de Rabah et de Senoussi, ils possédaient avant notre arrivée quelques fusils à piston qui leur permettaient de mettre le pays en coupe réglée et de se faire payer tribut par les autres indigènes, principalement par les Mandjia.

Mandjias. — Les tribus de race mandjia comprennent les Mandjias proprement dits, les M'Baccas, les M'Brous et toutes les peuplades s'étendant entre le haut Gribingui et la haute Sangha.

Très craintifs, constamment razziés par tous leurs voisins, notre arrivée dans le pays, après avoir été pour eux un véritable sujet de terreur, est maintenant considérée comme une sauve-garde. Ils nous fournissent en très grande quantité les

LA RÉGION CIVILE.

CHEFS BANDA.

porteurs dont nous avons besoin. Grands producteurs de vivres, on peut trouver chez eux les légumes et le grain nécessaires à l'alimentation des Européens et des miliciens.

Productions de la région civile. — Le manioc est cultivé concurremment avec le mil par les Mandjias surtout; les Bandas produisent principalement du mil. Les autres cultures vivrières sont le maïs, l'igname, la patate, une sorte de pomme de terre très allongée nommée *dazo*, les concombres, le giraumon, le sésame, l'arachide, des haricots de plusieurs espèces, un haricot de terre nommé *n'djou*.

Le riz pousse à l'état sauvage, mais n'est ni connu, ni utilisé par les indigènes. Parmi les autres produits cultivés, on peut citer le coton avec lequel quelques indigènes tissent des vêtements grossiers, et le tabac, très répandu.

Les produits naturels du sol sont le karité et le caoutchouc, que

L'EMPIRE DE RABAH.

les indigènes commencent à récolter. Celui-ci est fourni par plusieurs espèces de lianes différentes. Il est généralement de belle qualité et se coagule soit avec de l'eau salée, soit avec de l'oseille du pays ; une espèce même se coagule spontanément. Enfin, les éléphants sont très nombreux dans tout le pays. Ils ont été jusqu'ici peu chassés, de sorte qu'il n'existe pas de très grands stocks d'ivoire; mais on en trouve cependant en quantité notable. Ayant énuméré les différentes populations de la région civile et esquissé à grands traits leurs principaux caractères, il me reste à dire quel parti nous pourrons en tirer et quelle a été notre ligne de conduite vis-à-vis d'elles pendant les cinq dernières années.

Au moment de notre arrivée dans le pays, à part les N'Gaos, on peut dire que non seulement aucune des deux races Banda et Mandjia, mais même aucune des tribus qui les composent, ne constituait de groupements effectifs. Autant il y avait de villages, autant il y avait de chefs. On comprend, par suite, que des éléments aussi disséminés, aussi désunis, offraient une proie facile aux chasseurs d'esclaves. On conçoit aisément aussi combien il était difficile pour nous d'obtenir la moindre chose de ces gens vivant indépendants, sans autorité constituée, sans hiérarchie. Quelque difficile que m'ait paru la tâche au début, je n'ai cependant jamais désespéré du résultat final. Il fallait beaucoup de patience et surtout il était important de bien définir le but qu'on voulait atteindre et les moyens à employer.

Le but était double : 1° créer des besoins aux indigènes pour que nos commerçants pussent s'établir parmi eux ; 2° leur faire payer un impôt qui viendrait en atténuation de nos dépenses d'occupation.

Le problème posé, la solution n'était pas aisée. Il fallait se mettre en contact intime avec toutes ces petites communautés, étudier leurs parentés, leurs rapports, leurs besoins, pour arriver ensuite à constituer des groupements à peu près homogènes, avec des éléments constitutifs d'aspirations identiques et d'intérêts communs, et encore ne serait-ce là qu'un pas de

LA RÉGION CIVILE.

fait vers le résultat définitif, qui doit être la réunion des gens parlant la même langue sous l'autorité d'un seul chef.

Ce but, indiqué par moi et poursuivi sans relâche, est à l'heure actuelle en partie atteint grâce à l'activité, à la patience et au dévouement de l'administrateur Bruel et de ses collaborateurs Roussel, Perdrizet, Pinel, etc... La méthode employée a été simple ; l'exploration du pays a été faite, les villages classés et portés sur une carte, après quoi l'occupation des points les plus importants a eu lieu.

Le premier résultat de cette occupation a été, pour ces populations païennes, une sécurité jusque-là inconnue. Elles sont devenues plus fixes dans leur habitat et par suite ont produit davantage.

En fournissant des vivres et des porteurs, tous ces gens se sont habitués à nous voir et aussi à se connaître. Les rassemblements dans les postes de gens de tribus différentes leur ont fait peu à peu concevoir l'idée d'un rapprochement plus intime sous l'égide et le commandement d'un Européen.

La confiance s'étant établie de plus en plus, et l'indigène ayant constaté que nous étions réellement pour lui des protecteurs et des clients, il est devenu plus facile de lui faire comprendre que cette protection, fort onéreuse pour nous, devait être payée par lui. Ce principe très simple du donnant donnant est très bien compris par le noir. Il est bien évident qu'il faut lui prouver qu'on lui donne quelque chose pour qu'il se reconnaisse débiteur. Une fois qu'il l'a reconnu, la question est réglée, l'impôt est accepté en principe.

C'est ce qui eut lieu avec nos indigènes. La base de l'impôt a été de deux kilos de caoutchouc par case et par année, dont moitié revient aux chefs et moitié à l'État.

Une partie des Mandjias a reconnu un chef appelé Makourou nommé par nous ; les N'Gaos en ont un autre, les Ungourras également. On procédera de même avec les autres tribus et, dans un avenir très proche, la perception de l'impôt, commencée depuis un an et demi, pourra avoir lieu partout.

L'EMPIRE DE RABAH.

Il me reste maintenant, pour terminer, à dire quels ont été les résultats géographiques obtenus.

J'eus, pour ma part, l'occasion d'effectuer un nouveau voyage sur le Tchad avec le vapeur *Léon-Blot*. Comme les eaux étaient encore presque basses, je puis affirmer, sans crainte de me tromper, que le grand lac est navigable en toute saison, à condition qu'on se tienne à une distance de trois à cinq kilomètres de la côte. A cette distance, les fonds sont de plus de trois mètres, augmentant beaucoup vers le large. Du côté Est, les bancs de sable sont très nombreux; les grands fonds sont du côté Ouest. Nous sommes restés une huitaine de jours sur le lac et avons pu ainsi reconnaître tous les bras de son delta. Malheureusement, le temps nous manqua pour pousser jusqu'aux îles habitées par les Bouddoumas. Pirates et voleurs, ces indigènes ne manifestent pas grand désir d'entrer en rapports avec nous. Ce serait cependant chose très désirable, car ils sont relativement riches; ils élèvent beaucoup de bœufs.

Les autres reconnaissances effectuées dans la région militaire par les capitaines de Cointet, de Lamothe, Bunoust, Galland ont permis l'étude des pays païens Sara, Nyellim, Boua. Le lieutenant Kieffer, partant de Maïnheffa, est redescendu jusqu'au 10° degré et de là a atteint le Logone dont il a suivi le cours jusqu'à Laï. Enfin, le capitaine de Lamothe a dressé des itinéraires chez les Arabes Daaguère, sur la rive droite du Chari, derrière Bousso.

Dans la région civile, on a délimité les divers bassins de la Kémo, de la Nana, du Gribingui, de l'Ombela et de la M'Poko. Enfin, le beau voyage de MM. Bernard et Huot a permis d'identifier, avec le Bahr-Sara, la rivière Ouahm, dont le voyageur Perdrizet avait remonté une partie du cours. Un des affluents de cette rivière Ouahm, la Fafa, navigable pour les pirogues, nous permettra vraisemblablement l'emploi d'une nouvelle route pour atteindre le bassin du Chari.

L'exposé de ces dernières considérations termine le récit de cette deuxième campagne qui, pour moi, dura exactement deux ans. J'étais arrivé au Congo au commencement de 1899. Le 2 janvier 1901, je quittais le poste de Fort-de-Possel, et, le 25 février, j'étais de retour en France.

Qu'il me soit permis, en concluant, de remercier encore une fois tous les officiers et fonctionnaires qui m'ont prêté un concours aussi complet et aussi dévoué. Ce sera le grand honneur de ma vie d'avoir eu de tels collaborateurs. Grâce à eux, la tâche que nous avions acceptée, a été pleinement remplie et le but assigné complètement atteint pour le plus grand profit de la France, dont l'Empire colonial s'est trouvé accru d'un vaste territoire.

CONCLUSION

Depuis mon retour en France, il s'est produit dans les territoires du Chari divers événements saillants qu'il importe de mentionner tant à cause de leur intérêt propre que par les conséquences qu'ils peuvent avoir.

Remplacé par interim dans mes fonctions de commissaire du Gouvernement par le lieutenant-colonel Destenave, j'avais en attendant la prise de service de cet officier supérieur, confié la direction de la région au capitaine, aujourd'hui commandant Robillot.

Dans l'intervalle qui s'écoula entre mon départ et l'arrivée du colonel Destenave, le commandant Robillot apprit que Fad'el Allah qui s'était enfui dans l'Ouest, était parvenu à reconstituer des forces assez nombreuses, qu'il avait reçu une certaine quantité d'armes et de munitions et qu'il se préparait à envahir le Bornou.

Le sultan de ce pays Guerbaï qui avait remplacé son frère le cheich Omar Seinda se porta à sa rencontre et fut complètement battu près de N'Gala.

Il dut s'enfuir et se réfugier au Kanem. Victorieux, Fad'el Allah ne tarda pas à pousser son rezzou dans la direction de nos postes. Ignorant mon départ, il m'adressa même une lettre dans laquelle il me sommait de lui rendre tous les biens de son

CONCLUSION.

père et principalement les prisonniers que nous avions pu faire.

Le commandant Robillot qui reçut cette lettre répondit en lui disant que s'il faisait sa soumission, il aurait non seulement la vie sauve, mais qu'il serait bien traité.

Fad'el Allah, que sa victoire sur les Bornouans avait enorgueilli commença par faire trancher la tête aux deux messagers de Robillot, puis lança une partie de ses hordes sur Makari et Goulfeï, c'est-à-dire dans un territoire qui nous appartient, en même temps qu'il essayait de pousser à la révolte les tribus arabes qui s'étaient soumises à notre domination.

Le situation était donc fort grave et il importait de prendre des mesures énergiques. Robillot qui avait déjà réuni plus de deux-cents hommes, se lança à la poursuite de Fad'el Allah qui n'attendit pas le choc. Deux petits combats d'arrière-garde seuls furent livrés, à la suite desquels l'ennemi se replia à Goudjba où on ne le poursuivit pas. Néanmoins Fad'el Allah avait réussi à soulever contre nous une partie des Arabes qui en deux rencontres furent complètement battus et se soumirent.

Tout semblait rentré dans l'ordre. Nos troupes avaient repris leurs positions en territoire français.

Guerbaï s'était réinstallé à Dikoa. Soudain on apprit que Fad'el Allah recommençait sa tentative. Le bruit courait qu'il venait d'être complètement ravitaillé en armes et en munitions et qu'il disposait encore d'environ deux mille hommes.

Le commandant Robillot ne voulant pas quitter Fort Lamy sans être directement provoqué, avait fait cependant tous ses préparatifs pour faire face à une attaque possible.

A ce moment, arrivait le colonel Destenave. Robillot rentrait en France.

Que s'est-il exactement passé par la suite ? Évidemment une répétition des premiers événements.

Se sentant à l'abri de toute poursuite dans le territoire de Goudjba et probablement cédant à quelque mauvais conseil d'un agent étranger quelconque, Fad'el Allah essaya de nouveau de razzier le Bornou allemand et les territoires français du delta

L'EMPIRE DE RABAH.

Tchad, espérant se retirer ensuite à Goudjba avec les prises qu'il aurait faites.

Ce calcul ne lui réussit pas. Vigoureusement poursuivi par le colonel Destenave, puis par un détachement de deux cent-vingts hommes, commandé par le capitaine Dangeville, Fad'el Allah fut atteint et tué et ses troupes se rendirent.

Les faibles pertes que nous subîmes (sept blessés, dont un mort de ses blessures), prouvent évidemment qu'il n'y a pas eu un combat bien acharné et que Fad'el Allah n'était plus un adversaire bien redoutable. Mais il n'en n'est pas moins vrai que le système inauguré par lui, pouvait nous causer beaucoup de désagrément et que pendant bien longtemps, nous aurions été obligés d'immobiliser à Fort Lamy le gros de nos forces, ce qui nous aurait naturellement empêché de nous préoccuper de la question du Ouadaï.

A ce point de vue spécial, la belle opération du capitaine Dangeville en supprimant un élément de trouble très sérieux pour nous, est des plus remarquables.

C'est la ruine complète et sans aucun retour possible de la puissance rabiste, dont la chute avait été consommée à Koussouri. La mort de Fad'el Allah nous a délivré d'un adversaire gênant. Il en est d'autres avec lesquels nous devrons compter, je veux parler du Ouadaï et du chef de la confrérie des Senoussyia.

Ouadaï. — Puissance guerrière redoutable, le Ouadaï n'a pu voir d'un bon œil nos agissements au Baguirmi, au Khanem et au pays de Kouti, ses tributaires.

Toutefois, menacé d'un côté par les bandes de Rabah, redoutant de l'autre que les Mahdistes, vaincus par l'Angleterre, n'envahissent son territoire, le sultan du Ouadaï s'était renfermé dans une expectative prudente.

Aussi bien la lutte que nous engagions contre Rabah n'était pas pour lui déplaire. Si nous étions vaincus, la situation n'était pas sensiblement modifiée, si au contraire nous avions le dessus, il serait toujours temps de négocier.

CONCLUSION.

Nous fûmes vainqueurs. Il fallait ou compter avec nous ou nous combattre. Très vraisemblablement le sultan Ibrahim qui se trouvait alors sur le trône et qui n'avait plus à redouter le péril Mahdiste se serait décidé à adopter à notre égard une attitude hostile.

Mais en présence de l'état troublé de son pays, il fut obligé de remettre ses desseins à plus tard.

La révolution grondait en effet au Ouadaï. Ce pays, sous le règne de Youssef s'était complètement inféodé aux Senoussyia. Irahim depuis qu'il était monté sur le trône avait essayé de s'affranchir de cette tutelle qui lui pesait. Ce fut en vain.

A l'instigation de Sidi el Mahdi, les grands seigneurs ouadaïens se mirent en révolte ouverte contre leur suzerain et marchèrent contre lui.

Battu dans une première rencontre, il est très probable qu'Ibrahim eut la pensée que nous pourrions l'aider à reprendre ses états. Si réellement cette pensée lui vint, il n'eut pas le temps de la mettre à exécution. Fuyant vers l'Ouest, c'est-à-dire vers nous, il fut rejoint par ses ennemis et tué.

Son successeur, imposé par Senoussi, est un de ses cousins, presqu'un enfant. C'est dire que dès à présent, nos chances de pénétrer pacifiquement au Ouadaï sont très diminuées.

Toutefois, d'après mes renseignements, une bonne partie des Ouadaïens n'est pas satisfaite de l'état de chose actuel. Il n'est pas impossible qu'une nouvelle révolution éclate d'ici quelque temps.

Il est donc indispensable pour nous de surveiller de très près tout ce qui se passera au Ouadaï, afin de profiter de la première occasion où une intervention de notre part, pourra se produire avec fruit.

A côté du Ouadaï se dresse la puissance toujours grandissante du chef de la confrérie, des Senoussyia, Sidi el Mahdi es Senoussi.

Les membres de cet ordre rayonnent non seulement dans toute l'Afrique, mais encore en Turquie et en Asie.

L'EMPIRE DE RABAH.

On a tour à tour représenté Senoussi comme un agent de la Turquie ou comme celui d'une puissance européenne.

Il a peut-être en apparence été l'un et l'autre, mais certes pas sincèrement et très vraisemblablement il ne le sera jamais. Il est donc possible qu'à un moment donné, nous ayions cet homme comme adversaire déclaré.

Il serait prématuré et présomptueux et surtout hors de propos de discuter ici la ligne de conduite que nous devrons tenir à son égard. Ce que je puis dire par exemple, c'est que comme tous les chefs religieux qui ont existé jusqu'à ce jour en pays musulman, il y a un but dissimulé. Ce but, c'est la conquête du pouvoir temporel dans une zone aussi étendue que possible.

Grâce au fanatisme religieux, il peut parvenir si les circonstances le favorisent à soulever des multitudes énormes. Mais ce qui fera sa force fera aussi sa faiblesse. Obligé de vaincre pour que ses partisans puissent piller, il est bien certain qu'en outre des nombreux mécontents qu'il aura parmi les siens, il trouvera chez les nations qu'il combattra, des ennemis qui seront tout disposés à accepter pour se défendre l'aide des chrétiens, si ces mêmes chrétiens ont toutefois eu la sage idée de coordonner leurs efforts au lieu de chercher à se nuire réciproquement.

L'étude que je viens de faire, nous montre donc que nous sommes exposés dans un avenir plus ou moins rapproché à avoir des difficultés soit avec le Ouadaï, soit avec Senoussi. Il faut par suite nous efforcer de maintenir attachés à notre cause le Baguirmi, le Khanem et le cheich Senoussi ben Abecher de N'Dellé.

Il est indispensable que nous assurions à ces trois pays une protection efficace contre leurs ennemis qui sont aussi les nôtres. Il ne faut pas cependant que d'ici longtemps, nous intervenions directement dans l'administration intérieure du territoire Il faut laisser aux chefs qui les gouvernent, toute l'apparence extérieure du pouvoir en les guidant par des conseils et des avis appropriés.

En résumé, il faut d'une part que nos protégés se rendent

CONCLUSION.

compte que notre joug pèse moins lourdement sur eux que celui du Ouadaï, d'autre part, qu'il leur soit bien prouvé qu'ils sont désormais à l'abri de toute agression de leur ancien suzerain. Ce dernier point leur sera démontré à la suite de l'occupation sérieuse et rationnelle de leur pays qui est en train de se faire.

Il me reste maintenant que j'ai examiné sur quels alliés et quels adversaires nous pouvions compter à déterminer quelle doit être notre attitude vis-à-vis des puissances européennes, nos voisines, c'est-à-dire l'Allemagne et l'Angleterre.

Depuis quelques années déjà, les traités intervenus entre ces deux pays et la France ont déterminé la part d'influence qui devait revenir aux diverses parties.

Ces traités (à part quelques légères modifications qui donneront à chacun des satisfactions légitimes) sont définitifs.

On ne peut donc plus guère prévoir de difficultés entre les trois pays, j'entends de difficultés sérieuses, quant aux délimitations de frontières qui seront fatalement fixées par des commissions opérant sur place.

Il s'en suit que l'Angleterre, l'Allemagne et la France n'ont à se préoccuper à l'heure présente que de l'occupation méthodique des territoires qui leur sont dévolus.

Cette partie de leur tâche sera plus ou moins simplifiée, suivant que les trois nations auront ou n'auront pas le bon sens de s'entr'aider. Qu'on le veuille ou non; il y a actuellement en Afrique un danger musulman. Ce danger sera sérieux ou n'existera pas, suivant que l'élément musulman qui peut à un moment donné se lever en masse contre l'Infidèle, trouvera ou ne trouvera pas des adversaires unis.

Bien des gens, aussi bien en France qu'en Angleterre et en Allemagne trouvent qu'il est de bonne politique de gêner l'œuvre d'expansion du voisin, de lui créer des difficultés de toutes natures, principalement en armant ses adversaires ou en les accueillant chez lui après la défaite.

Ce genre de politique à vues étroites et mesquines ne donne

aucun résultat. Il n'empêche pas le succès final du rival, il le retarde, c'est tout; mais il a pour conséquence de montrer à l'indigène, au musulman surtout le manque d'entente existant entre les chrétiens, manque d'entente dont il profitera à la première occasion.

Prenons par exemple ce qui peut se produire entre l'Angleterre et nous. Les Anglais ont à conquérir le Sokoto. En y employant des moyens suffisants, il n'est pas douteux qu'ils ne viennent facilement à bout de leurs adversaires. Au contraire, si le sultan de Sokoto battu une première fois, est accueilli dans nos possessions, si on le réapprovisionne en secret d'armes et de munitions, la lutte reprendra et se continuera longtemps, occasionnant aux Anglais des pertes en hommes et en argent fort appréciables.

En revanche si nous pouvons gêner les Anglais au Sokoto, ils peuvent nous rendre la pareille au Ouadaï. L'emploi de pareils procédés est donc contraire au bon sens, à l'intérêt bien compris des deux nations et ne peut avoir pour conséquence qu'un antagonisme dont on ne peut prévoir les suites.

Il s'en suit donc qu'un « modus vivendi » spécial s'impose aux trois grandes nations qui ont assumé la tâche de conquérir et de civiliser l'Afrique. Ce « modus vivendi » reposant sur leur bonne entente réciproque et le cas échéant sur leur coopération complète contre l'ennemi commun « le musulman fanatique » facilitera grandement leur tâche immédiate de l'occupation. Il sera toujours temps plus tard d'engager la lutte commerciale qui fatalement interviendra dans l'avenir.

NOTES

NOTES.

NOTE I

DÉPÊCHE REÇUE A LOANGO

« Colonies à Gouverneur. Libreville,
« Mission Gentil relève désormais de vous. Toutes les dépenses seront imputables sur crédit Oubangui. Ordonnez Gentil se rendre Brazzaville, puis Bangui avec son personnel militaire rechercher meilleure voie de pénétration entre coude Bangui et affluent Logone, pour établir un poste en un point d'accès pour montage ultérieur vapeur. D'autre part, homme confiance chef mécanicien ou Huntzbüchler, au choix de Gentil, surveillera transport *Léon-Blot* avec gratification quatre mille francs. Sera monté Brazzaville; personnel technique, mécanicien, chauffeurs, charpentiers, accompagnera *Léon-Blot* avec porteurs nécessaires. Réglez détails exécution. »

La lecture de cette dépêche me consterna.

J'avais pour toute escorte quarante-deux hommes et une quarantaine de Soussous recrutés à Konakry, destinés à faire des porteurs armés. Comme agent européen expérimenté je n'en n'avais qu'un, M. Huntzbüchler, les deux autres, M. Vival et un ancien quartier-maître de la marine nommé Le Bihan, avaient tout à apprendre et malgré leur bonne volonté étaient réellement d'un faible secours pour moi. Il fallait donc que j'abandonne M. Huntzbüchler et que je me démunisse encore de trois ou quatre Sénégalais, chauffeurs ou charpentiers, alors que j'avais si peu de monde. Enfin, et c'était là le point capital, le vapeur devait être monté à Brazzaville...

Je me demandais sur le moment ce qu'il me restait à faire... Je savais, puisque j'avais commandé la région de Ouadda au coude de l'Oubangui, qu'il était impossible de trouver des porteurs dans cette région. D'ailleurs, pour s'en convaincre, on n'aura qu'à se rappeler que Maistre avait dû, faute de porteurs, laisser à Ouadda la plus grande partie de son matériel ce qui l'empêcha d'atteindre le Chari et le Tchad, ainsi qu'il se l'était proposé.

Ce voyageur, qui avait été expédié en 1891 par le Comité de l'Afrique française, pour renforcer la mission Dybowsky, destinée elle-même à appuyer Crampel, avait pris lors du retour de M. Dybowsky en France, le commandement des deux groupes. Parti de Ouadda, il avait avec un nombre de charges très restreint, quitté ce point et s'était avancé vers le Nord. Il atteignit un des affluents du Chari, le Gribingui, et n'ayant plus de ressources suffisantes, avait dû se rabattre sur l'Ouest et regagner la côte en traversant les territoires païens des Saras, des Lakas, des Gaberis, de l'Adamaoua, pour aboutir à Yola et de là sur le Niger.

Ce remarquable voyage avait donc appris qu'à 350 ou 400 kilomètres du coude de l'Oubangui, existait un affluent du Chari qu'on croyait navigable pour en avoir reconnu 100 kilomètres.

Mais comme la mission Maistre n'avait laissé derrière elle ni un homme ni un poste, au point de vue occupation on n'était pas beaucoup plus avancé, et comme d'autre part on m'indiquait un affluent du Logone et non un affluent du Chari comme but à atteindre, c'était un itinéraire nouveau qu'on m'imposait, avec la certitude pour moi que si j'atteignais un des affluents du Logone, mon temps se passerait à fonder un poste et à y rester. Quant au montage ultérieur d'un autre vapeur, puisque *Le Blot* devait être monté à Brazzaville, il était bien évident que je ne devais pas y compter. Il me fallait au bas mot un an pour arriver à un cours d'eau se jetant dans le Logone, huit mois au moins pour attendre la réponse de France à la lettre par laquelle j'annoncerais que j'avais atteint le but fixé, et deux ans au minimum pour y faire parvenir le nouveau vapeur, en admettant que pour cette tâche ont eut désigné un personnel de choix. Aussi bien il est une tradition au Congo, et ceux qui y ont vécu ne me démentiront pas, c'est que toute charge ou tout individu laissé en arrière, malgré les instructions les plus nettes, les plus précises, ne parviendra jamais à

NOTES.

destination. Quelque promesse qu'on vous fasse, celui qui vous la fait fut-il votre plus intime ami, votre frère même, ne le croyez pas, il ne vous enverra rien. Négligence? mauvaise volonté? je ne sais ; je constate un fait sans pouvoir l'expliquer. Ce qu'il y a de sûr c'est que l'opinion que j'émets s'est vérifiée pour tous ceux qui ont eu la mauvaise idée de laisser derrière eux des marchandises en dépôt.

C'était donc une perspective peu agréable qui s'ouvrait à moi, et je ne voyais pas de moyen de me tirer de cette mauvaise passe, quand l'idée me vint, qu'il y avait peut-être erreur dans l'interprétation de cette dépêche. Aussi me hâtai-je de faire part de mes doutes à monsieur Dolisie en sollicitant de lui un complément d'instructions.

L'EMPIRE DE RABAH.

NOTE II

Huntzbüchler en me rejoignant sur la Tomi m'apportait une lettre officielle de M. Dolisie m'apprenant qu'il avait demandé des instructions au département par câblogramme, et il m'envoyait copie des dépêches échangées ; les voici :

Gouverneur à Colonies Paris.

Doit-on monter *Léon Blot* à Brazzaville ?
25 octobre 1895.

Réponse.

Ne commencez transport *Léon Blot* vers Brazzaville que lorsque route cessera d'être encombrée par transports *Uzès* et *Poumayrac* [1].
1ᵉʳ novembre 1895.

Gouverneur à Colonies Paris.

Léon Blot complètement transporté Brazzaville, demande instructions (sans réponse).
2 novembre 1895.

Par un singulier hasard, la même confusion entre les mots monter et transporter, venait de se produire de nouveau. Le gouverneur demandait au département s'il fallait monter le navire à Brazzaville une fois qu'il y serait transporté, c'est-à-dire le construire, le mettre à même de naviguer. Et on lui faisait simplement une réponse au sujet du transport du bateau entre Loango et Brazzaville.

La vérité est qu'on ne pensait pas du tout à Paris que l'opération qui d'après M. de Brazza devait prendre un minimum d'un an dût s'effectuer aussi rapidement, si bien que lorsque le

[1]. Noms des deux vapeurs destinés à la flottille du haut Oubangui.

NOTES.

deuxième télégramme du gouverneur parvint au ministère, on fut probablement très surpris et qu'on ne répondit pas parce que, très vraisemblablement, on estimait que le gouverneur sous les ordres duquel je me trouvais devait lui-même prendre une décision.

Cette situation fut très favorable à mes projets. M. Dolisie qui avait pour moi beaucoup d'affection, en l'absence d'ordres formels me laissa libre de mes actes. Tout au plus se borna-t-il dans une lettre personnelle à me conseiller de procéder au montage du *Blot* à Brazzaville. Il ne se doutait pas, lui non plus, qu'à l'heure où il écrivait sa lettre j'étais déjà parti de Brazzaville depuis dix jours. Voilà donc comment, grâce à l'élasticité de notre belle langue française, nous nous trouvions dégagés de toutes les entraves du début.

J'avoue que, en mon for intérieur, j'en resssentis une véritable satisfaction.

L'EMPIRE DE RABAH.

NOTE III

LETTRE DE M. DE BRAZZA

« *Libreville*, 20 *mars* 1896.

« Monsieur l'Administrateur,

« J'ai conclu ainsi qu'il suit la lettre que j'ai adressée au Ministre en lui envoyant la copie presque intégrale de vos lettres des 11 et 26 janvier 1896.

« Le fait le plus intéressant qui se relève dans ces deux lettres est que le parcours sur lequel il faudra transporter par terre le *Léon-Blot* du point où la Tomi, affluent du coude Nord de l'Oubangui cesse d'être praticable jusqu'à l'une des rivières navigables du Chari, ne mesurerait pas plus de 120 kilomètres et que M. Gentil espère pouvoir faire franchir cette distance aux diverses parties de son vapeur sans rencontrer d'obstacles trop difficiles. La lourdeur de certaines pièces, dont quelques-unes pèsent jusqu'à 230 kilos, ne paraît donc pas opposer au transport de ce vapeur l'empêchement insurmontable qui avait été à Paris ma plus sérieuse préoccupation. On peut donc espérer que le *Léon-Blot* pourra être transporté et monté à l'endroit où le système hydrographique du bassin du Tchad commence à être accessible à la navigation des vapeurs. Je prendrai toutes les mesures nécessaires pour compléter les moyens d'action de M. Gentil, en faisant transporter au poste de la Tomi, qu'il indique comme sa base d'opérations dans l'Oubangui, deux des baleinières démontables ne pesant que 800 kilogrammes chacune attendues par le prochain paquebot et dont le transport devait, à mon avis, précéder celui du vapeur, afin que l'on pût choisir avec plus de garantie le point où pourra s'effectuer le montage du *Léon-Blot*[1]. J'enverrai éga-

---

1. Ce fut aussi mon avis, et j'avais à Brazzaville pris la précaution de me munir d'une embarcation en acier que me procura M. Chauvot, destinée à faire les reconnaissances préalables des affluents du Chari que nous rencontrerions. M. de Brazza ignorait ce détail.

NOTES.

lement le personnel nécessaire à l'occupation du poste de la Tomi.

« Pour faciliter le renouvellement des approvisionnements de la mission du Chari, j'invite M. Gentil à me faire part des ravitaillements dont il a besoin et que M. l'Administrateur principal de Brazzaville n'aura pu lui procurer sur place avec le crédit que je vais lui ouvrir.

« En me félicitant de l'initiative prise par M. Gentil dans le transport du *Léon Blot* jusqu'au coude de l'Oubangui, j'appelle votre attention sur l'efficacité et la stabilité des moyens d'action dont la mission du Chari va disposer pour l'expansion de notre influence dans le système hydrographique du Chari et du Tchad.

« L'ensemble de ces moyens d'action composé d'un vapeur et de deux baleinières va nous permettre d'entrer en relation dans des conditions particulièrement favorables avec les populations du Ouaddaï, du Baguirmi, du Kanem, du Bornou et des territoires d'Ayatou l'allié de Rabah.

« Nous pouvons espérer grâce à eux des résultats qu'il faut se garder de compromettre dans une région où l'on pourrait facilement troubler nos premières relations, par l'envoi d'émissaires hostiles à nos intérêts et que la divulgation prématurée de nos plans pourrait susciter.

« J'écris à M. Gentil d'observer à ce sujet toute réserve et je ne doute pas, Monsieur le Ministre, que vous ne partagiez mon sentiment à cet égard.

Le commissaire général s'adressant ensuite à moi, continuait :

« Je ne saurais vous donner personnellement de meilleur encouragement qu'en vous communiquant cet exposé des intérêts qui s'attachent à la mission du Chari que vous dirigez.

« Pour encourager le personnel ouvrier qui est chargé de monter le *Léon Blot*, je vous autorise à lui promettre une gratification de 5 000 francs qui sera répartie sur vos indications, lorsque le vapeur sera prêt à marcher.

L'EMPIRE DE RABAH.

« J'ouvre à Monsieur l'administrateur principal de Brazzaville un crédit de 10 000 francs, en faveur de la mission du Chari, pour qu'il puisse vous procurer le matériel et les vivres dont vous aurez besoin d'urgence et qui pourront être fournis par le commerce local. Ce fonctionnaire me transmettra les commandes auxquelles il n'aura pu donner satisfaction.

« La mission du Chari constitue un organisme appelé à se développer dans la mesure que les circonstances lui permettront. (Un vapeur de 25 mètres à roue arrière type belge est en construction et complétera ses moyens d'action).

« Il serait désirable, pour lui maintenir en toute éventualité son unité de direction, que vous ayiez à votre disposition un agent qui le cas échéant pût vous remplacer temporairement. Si vous n'avez personne sous vos ordres que vous estimez capable de cette tâche, je vous prie de m'en avertir aussitôt.

« J'espère que non seulement vous pourrez effectuer le montage du *Léon Blot*, mais que vous pourrez diriger dans le bassin du Tchad le voyage du premier vapeur qui y ait paru.

« Toutefois vous n'oublierez point qu'il serait imprudent d'entreprendre ce voyage avant d'avoir à votre disposition au moins l'une des deux baleinières qui doivent compléter vos moyens d'action.

« Vous vous trouverez alors dans des conditions pleinement favorables à la réussite des opérations que vous avez heureusement engagées, que je suis avec le plus grand intérêt et pour, la réussite desquelles je vous envoie tous mes vœux.

« Recevez, etc.

                      « *Signé :* BRAZZA. »

NOTES.

NOTE IV

Les Baguirmiens ou plutôt leurs femmes sont des cuisinières excellentes.

Les mets ou pâtisseries que l'on m'offrit pendant mon séjour à Massénia furent très variés et pour la plupart délicieux.

Voici les principaux :

L'Ackel el Khadi, ou nourriture du Khadi est une petite boule de farine de blé cuite au four et entourée d'une couche de miel caramelisé ;

Le Kake, espèce de beignet soufflé enduit de miel ;

Le Gourassa, pain au miel, ressemblant assez à notre pain d'épice ;

Les Crêpes ou Kesar faites avec de la farine de mil ou de blé, saupoudrées de sucre ;

L'Adjina zerga ou pâte bleue, qui est une sorte de pâte de farine de riz au beurre ;

Le Toulli, plat composé de riz de beurre et de sucre ;

Le Lekteré, sorte de ragoût de viande avec des pâtes ressemblant au vermicelle ;

Le Shana ou Krebe, qui est le plat national, est une viande servie avec du beurre et des gombo. Le gombo est une sorte de légume vert à forme pyramidale. Il est creux intérieurement et renferme des graines. Par la cuisson, il laisse échapper un produit mucilagineux qui sert de liant aux sauces qui l'accompagnent.

L'EMPIRE DE RABAH.

NOTE V

MISSION DE BÉHAGLE

Prins, je l'ai dit, avait été envoyé comme résident au Baguirmi, en mars 1898. Il rejoignait son poste, quand, aux environs du dixième degré, il aperçut des cavaliers baguirmiens qui l'avertirent de l'invasion du Baguirmi par Rabah, de la fuite de Gaourang et de sa présence à Kouno, à quelques kilomètres de l'endroit où se trouvait notre agent.

Conformément aux instructions reçues, Prins rejoignit le sultan qui s'était installé sur le fleuve, dans une zeriba très vaste qui lui servait de camp de guerre, et d'où ses soldats partaient pour aller razzier dans les environs, les villages païens tributaires. Une foule énorme, de plusieurs milliers de personnes, hommes, femmes, enfants, se trouvaient avec Gaourang, dégueuillés, presque mourants de faim. L'arrivée de notre agent avec ses quelques sénégalais et les cinquante fusils que j'envoyais à Gaourang, ramena un peu d'espérance au cœur de tous ces gens. C'était pour eux la preuve qu'on ne les abandonnait pas, et que la promesse de protection qui leur avait été faite, au nom de la France, n'était pas vaine.

Quelques mois après l'arrivée de Prins, le vapeur *Léon-Blot* pouvait opérer une première descente. Il arrivait avec MM. de Béhagle et Mercuri. Ce dernier s'installa de suite à Kouno, et y ouvrit une factorerie. Il ne fallait pas être grand clerc pour deviner que les transactions ne seraient pas très actives. La population ruinée et en fuite, chassée de ses foyers, dépossédée de ses biens, n'était en effet guère capable d'alimenter un établissement commercial.

Dans ces conditions, il y avait une solution naturelle qui s'imposait. Le retour en arrière et l'attente d'un moment plus favorable. Le territoire entre Ouadda et Gribingui, sans être aussi

NOTES.

riche en produits du sol que la région de l'Oubangui, offrait cependant assez de ressources en ivoire et caoutchouc, pour qu'un commerçant put y trouver profit. C'était dans cette région qu'à mon sens de Béhagle eût du se cantonner. Malheureusement, il ne put s'y résoudre. Enthousiaste comme il l'était, avide d'aventures, son tempérament ne l'attirait pas vers le commerce, qui eût dû être son objectif principal. Il se considérait bien plus comme destiné à faire une étude et une exploration des pays du centre africain que comme le mandataire d'une société commerciale qui lui avait imposé, comme conditions, de faire avant tout des affaires.

Aussi comme à Kouno se trouvait le coursi ou envoyé du Ouadaï[1], de Béhagle s'aboucha avec lui et le pria de remettre au sultan Ibrahim, une lettre dans laquelle il lui demandait l'accès de ses territoires ; il lui proposait, comme cadeau, cinquante fusils et des munitions. Le coursi du Ouadaï qui avait reçu, à cette occasion, force cadeaux, trouva très simple, pour augmenter ses petits profits, de remettre la lettre à Gaourang.

Comme bien on pense, ce dernier ne fut pas content. Ayant reçu chez lui les Français, ayant traité avec eux, il ne devait pas penser que ces mêmes Français, essaieraient d'entrer en relations avec ses oppresseurs et surtout n'hésiteraient pas à leur fournir des armes.

A partir de ce moment, la position ne fut plus tenable pour M. de Béhagle. Constamment surveillé, il ne pouvait plus se livrer à la moindre transaction, car sur ordre du sultan, personne n'osait commercer avec lui. En conséquence de quoi, il revint au Gribingui et protesta auprès de M. Rousset dont il réclama l'intervention.

Notre agent, assez embarrassé et ne pouvant pas se rendre compte sur place de la situation, en conformité d'ailleurs avec des instructions très générales concernant M. de Béhagle, prit

---

[1] On sait que le Baguirmi, tributaitre du Ouadaï depuis plus de soixante ans, payait, tous les trois ans, à ce dernier pays, un impôt que le sultan du Ouadaï envoyait prélever par un « coursi ».

L'EMPIRE DE RABAH.

parti assez nettement pour ce dernier, et lui confia même une espèce d'investiture, l'autorisant, à un moment donné, à intervenir politiquement.

Voici d'ailleurs les textes des lettres échangées à cette occasion :

Lettre de M. Rousset à M. de Béhagle :

Gribingui, 14 janvier 1899.

L'administrateur commandant par intérim la région du Chari à M. de Béhagle, chef d'une mission commerciale et scientifique.

Monsieur le Chef de Mission,

D'accord avec moi, vous avez décidé de quitter la station de Gribingui, le 15 janvier courant, à l'effet de rejondre le Baguirmi...

Par ce courrier, j'invite d'une manière pressante, notre agent au Baguirmi, à favoriser de tout son pouvoir, l'entreprise dont vous êtes chargé et à vous prêter aide et assistance dans la mesure de ses moyens.

... Une fois que vous serez rendu au Baguirmi, la question se posera évidemment pour vous du choix de la voie par laquelle vous êtes appelé à continuer votre enquête vers le Nord. Je ne saurais, à cet égard, vous donner des indications qui aillent à l'encontre des desiderata que M. Gentil vous a exprimés. Mais il n'est pas douteux que ces desiderata envisageaient un ordre de choses que le temps a pu modifier. Tout dépendra des circonstances et c'est à vous qu'il appartiendra, dans l'intérêt de votre mission, de choisir la meilleure route.

... Quoiqu'il en soit, j'ai songé à profiter de votre passage dans les régions en dehors de ma sphère d'action actuelle, et qui y confinent immédiatement. Pressenti à ce sujet, vous m'avez déclaré être prêt à seconder mes vues et à souscrire aux demandes que je pourrais formuler en ce sens.

Dans ces conditions, je vous reconnais un caractère officiel

NOTES.

pour agir au mieux des intérêts de la France soit au Kanem, soit au Ouadaï, soit même avec Rabah, le dominateur du Bornou.

Signé : ROUSSET.

M. Rousset s'adressait en outre à M. Prins, notre résident au Baguirmi, dans les termes suivants :

MONSIEUR LE RÉSIDENT,

J'ai l'honneur de vous informer que M. de Béhagle, chef de mission, quittera demain la station du Gribingui, à destination du Baguirmi. Il emmène le surf-boat en fer que vous avez mis à sa disposition, au retour de son dernier voyage avec le *Léon-Blot*.

... M. de Béhagle ayant rejoint le Baguirmi, prendra ses dispositions pour continuer vers le Nord et fera choix de la voie de pénétration qui lui paraîtra la meilleure et la plus sûre. Je n'ai pas qualité pour infirmer non plus que pour atténuer les instructions que M. Gentil peut lui avoir laissées à cet égard. Je lui laisse sa pleine liberté d'action, tout en exprimant le vœu qu'il puisse aller du côté du Kanem.

Dans ces éventualités, M. de Béhagle aura sans doute besoin de recourir à vos bons offices pour obtenir, du sultan Gaourang, des lettres d'introduction, des moyens de transports, etc.

Vous voudrez bien vous mettre à sa disposition et user de toute votre influence en vue de lui faire obtenir satisfaction...

Par lettre de ce jour, je reconnais à M. de Béhagle, en dehors de ma sphère d'action actuelle, un caractère officiel pour agir au mieux des intérêts de la France dans les régions contiguës au Baguirmi.

Signé : ROUSSET.

En réponse à la lettre à lui adressée par M. Rousset, M. de Béhagle écrivait ce qui suit :

MONSIEUR L'ADMINISTRATEUR,

Par lettre de ce jour, vous me faites le grand honneur de me

L'EMPIRE DE RABAH.

charger officiellement d'agir au mieux des intérêts de la France, soit au Ouadaï, soit même auprès de Rabah, et plus particulièrement vous me désignez le Kanem comme objectif.

Vous me recommandez de m'inspirer des idées politiques de votre prédécesseur et de régler ma ligne de conduite sur la politique que le temps et les événements me feront paraître la meilleure.

Je vous suis fort reconnaissant de la preuve de confiance que vous m'accordez. Vous savez avec quel soin scrupuleux, même aux dépens de mes intérêts, j'ai suivi la ligne de conduite que votre prédécesseur m'avait dictée. Depuis plus de deux mois, vous me voyez aller et venir, préoccupé de bien faire et uniquement désireux d'être utile. Cela doit vous être un sûr garant de l'avenir.

A l'encontre des idées préconisées jusqu'ici, je considère que d'aller au Kanem et s'y maintenir, est actuellement plus difficile que d'entrer en relations avec Rabah ou avec le Ouadaï.

Trois éléments politiques qui nous sont également hostiles s'y disputent l'influence : le Senoussisme, le Ouadaï et Rabah. Il est inutile d'insister à propos du Senoussi-me. A l'inimitié religieuse de cette secte, s'ajoute la crainte justifiée d'une concurrence commerciale.

Le Ouadaï doit nécessairement s'inquiéter de nous voir successivement accorder notre protection à ses grands vassaux, et des armes. Senoussi d'abord, le Baguirmi ensuite, après le Kanem. Le plus vulgaire souci de sa sécurité doit l'induire à nous tenir en échec dans ce dernier état. Tant qu'à Rabah, nous sommes en état d'hostilité ouverte avec lui et c'est pour nous barrer la route qu'il a pris pied au Kanem. C'est après m'être rendu compte de cette situation que j'ai noué, dans mes précédents voyages au Baguirmi, de puissantes relations qui m'ouvriront, je l'espère, le grand état musulman du Tekrour.

De là, je pense agir avec plus d'autorité sur le Kanem. En tout cas, dans de pareilles entreprises, la prudence est de règle absolue, celui qui cherche l'aventure y périt. Un accident

NOTES.

dans ces contrées, y rendrait à l'avenir plus difficiles nos relations.

Me livrer au hasard serait aller contre les intérêts que je viens servir ici. Soyez persuadé que je n'en courrai pas volontiers le risque.

Signé : DE BÉHAGLE.

Au moment où cette correspondance s'échangeait Bretonnet était arrivé à la mission de la Sainte-Famille et avait avisé M. Rousset de sa venue au poste du Gribingui — trois semaines plus tard environ — M. Rousset en prévint M. de Béhagle, mais ce dernier, déjà impatienté par de longs retards, ne voulut pas attendre plus longtemps et se mit en route le 16 janvier.

Il n'entre pas dans mes intentions, en écrivant ce livre qui est avant tout une œuvre de bonne foi, de me livrer à la moindre critique. Je constate des faits, sans même vouloir les discuter. Il serait en effet déplacé, de juger des événements, qui se sont produits en mon absence. Telle mesure qui peut être bonne à un moment donné, peut avoir, si elle est appliquée trop tard ou mal à propos, des conséquences désastreuses. Aussi éviterai-je toujours de donner une opinion sur des actes dont je n'aurai pu apprécier l'opportunité sur place.

Il était en effet fort possible que la politique préconisée par moi, ne fut plus opportune et que les circonstances qui me l'avaient fait adopter fussent changées. Il ne faut pas oublier en effet que Rabah avait envahi le Baguirmi, que Gaourang, sultan de ce pays, l'avait quitté, et que par suite l'état avec lequel j'avais traité n'existait plus.

Celui qui voulait dans ces conditions pénétrer dans l'intérieur de l'Afrique, devait par conséquent employer d'autres moyens que ceux que j'indiquais. Mais ce qu'il m'est permis de dire et de constater sans parti pris aucun, c'est qu'il eût été préférable d'attendre. Un mouvement en avant, nécessitant un changement de politique radical, il eût été mieux, avant d'adop-

L'EMPIRE DE RABAH.

ter un nouveau système, de provoquer de nouvelles instructions du département.

Mais à quoi bon discuter davantage. Loin du pays, loin de tout, abandonné à lui-même, il est nécessaire que l'Européen qui a la responsabilité des événements, ait aussi droit à l'initiative la plus grande. Cette initiative, qui doit amener le succès ou la défaite, lui est indispensable. Sa vie étant l'enjeu de la partie, il est juste qu'il soit juge des coups.

Ainsi donc le 16 janvier, de Béhagle se mettait en route et rejoignait Prins à Kouno.

Ce dernier, après avoir pris connaissance des instructions données à M. de Béhagle, se déclara prêt à lui prêter son concours, en lui faisant remarquer toutefois qu'il n'augurait pas très favorablement de la tentative d'essai de négociations avec Rabah.

De Béhagle lui répondit que le Ouadaï lui était fermé, le Baguirmi pris, il ne lui restait d'autre alternative, pour atteindre le Kanem, que de traiter avec Rabah.

Prins s'inclina, mais Gaourang, mis au courant de la situation, protesta par la lettre suivante adressée à Prins :

AU NOM DE DIEU
LOUANGE A DIEU

Que la bénédiction et la grâce de Dieu soit sur son envoyé. De la part de la seigneurie, notre maître, le plus intrépide des vaillants, qui pratique le rite de Maleck...

Abd'Er Rhaman Gaourang, fils de notre seigneur et maître Abd'El Kader (que Dieu prolonge sa vie. — Amen) A la seigneurie, l'homme de confiance Moussa (surnom de Prins) je vous témoigne honneur et respect et vous adresse le salut et la bénédiction divine.

Ensuite, je vous informe, Moussa, que votre père Gentil et moi, nous avons, en toute confiance et de bonne foi, passé un pacte, et comment, vous rompriez les engagements pris et le pacte passé entre Gentil et moi ? Nos conventions, la bonne foi

NOTES.

et la confiance existant entre nous, doivent subsister et être préservées de tout ce qui pourrait les atteindre. Je vous dis cela parce que votre hôte (de Béhagle) celui qui est venu porteur d'une lettre de votre frère (Rousset) et qui a prétendu être un de ses agents, ne doit pas être cru et ses prétentions sont inadmissibles.

Cet homme est simplement un commerçant venu chez nous demander l'autorisation de faire du négoce. Je ne m'explique pas que vous disiez qu'il ira à Zinder et que vous irez ensuite à Bougoman, sans mon autorisation.

Je prends patience et j'attends d'avoir terminé mes affaires pour discuter avec vous et aviser ensemble de régler la question de la façon la plus convenable. Si vous avez confiance en Dieu et en Gentil, mes engagements avec Gentil ne seront pas infirmés, et la confiance continuera à régner entre nous. C'est tout. Salut.

Pour traduction conforme.
Signé : Hassen, interprète.

Cette lettre, pleine de bon sens, n'eut aucun effet, et Prins et de Béhagle se mettent en route, l'un par eau, dans une embarcation en acier, l'autre par terre.

Prins ayant atteint Fadjé, point situé à une vingtaine de kilomètres en aval du confluent du Chari et du Logone, fut brusquement assailli par un parti de deux cents cavaliers de Rabah, qui, sans provocation aucune, ouvrirent le feu sur lui, à une vingtaine de mètres. Fort heureusement, personne des nôtres ne fut atteint ; les balles traversèrent la coque de l'embarcation en plusieurs endroits, et ce fut tout. La riposte ne se fit pas attendre et les cavaliers s'enfuirent, laissant quelques uns des leurs sur le terrain.

La réception était vraiment peu engageante et il ne semblait pas d'après cela, que des négociations avec Rabah eussent grande chance de succès.

Ce fut l'avis de Prins qui rebroussa chemin et rejoignit de

L'EMPIRE DE RABAH.

Béhagle à Klessem, petit village situé à 30 kilomètres environ dans le Sud-Sud-Est de Koussouri.

Ils se concertèrent tous deux et se disposaient à revenir en arrière, quand malheureusement, un envoyé d'Othman Scheiko, gouverneur de Koussouri, arriva porteur d'une lettre de son maître pour les Français.

Dans cette lettre, il exprimait ses regrets au sujet de l'attaque qui venait de se produire et affirmait à Prins que dorénavant, il pourrait circuler en toute liberté sur le fleuve.

Notre résident n'eut pas la moindre confiance dans ces assurances et ne changea pas ses intentions de retour vers Kouno.

Malheureusement, il n'en fut pas de même pour de Béhagle, que les avances d'Othman Scheiko convainquirent complètement et qui se décida à se rendre à Koussouri, pour y attendre la réponse d'une lettre qu'il adressa à Rabah. Prins essaya de le détourner de son projet. Ce fut en vain. Ils se séparèrent donc, l'un pour prendre la route du retour, l'autre hélas pour ne plus revenir... On était alors au 20 mars 1899.

NOTES.

NOTE VI

Bretonnet qui était le 16 janvier 1899 à la mission de la Sainte Famille avait atteint Krébedjé le 26. C'est là qu'il apprit le départ de Béhagle. Très préoccupé par l'organisation de ses convois et surtout au sujet de la montée des charges qu'il avait laissées à Brazzaville, confiant dans la promesse qu'on lui avait faite de les expédier tout de suite [1], il ne pouvait pas se porter aussi rapidement qu'il l'eût voulu, à la station de Gribingui où sa présence eût été nécessaire.

Il y arriva cependant en mars. Le 15 avril, il pouvait constituer un petit convoi, avec les deux boats réexpédiés par Prins et quelques pirogues. Ce convoi était commandé par le lieutenant Durand-Autier, provenant de la compagnie Jullien. Cet officier qui devait rentrer en France, renonça à son idée et offrit ses services à Bretonnet qui les accepta.

Le lieutenant Durand-Autier, devait remplacer Prins comme résident au Baguirmi. Il était porteur d'une lettre pour Gaourang et avait la consigne de s'opposer à la poursuite du voyage de M. de Béhagle. Il était trop tard. Durand-Autier arriva à Kouno au commencement de mai et reçut le service des mains de Prins, qui prit la route de France. Les Sénégalais, trop longtemps livrés à eux-mêmes, n'étaient plus disciplinés. Une révolte éclata même qui fut difficilement réprimée. L'effervescence toutefois ne tarda pas à se calmer.

[1]. Il est à peine besoin de dire qu'il n'en reçut pas une seule et que nous les trouvâmes toutes à Brazzaville, lors de notre passage en mai 1900.

L'EMPIRE DE RABAH.

Bretonnet, ayant réuni quelques chevaux et bœufs porteurs, talonné par l'idée que l'expédition allemande qu'on signalait à ce moment, pouvait nous devancer, et de plus pressentant les complications qui pourraient résulter pour nous d'un si brusque changement de politique, n'eut plus qu'une idée : se rendre sur les lieux le plus rapidement possible. Sans se préoccuper de la compagnie Jullien, à laquelle il avait donné l'ordre de stationner à Krebebjé, afin d'obtenir la soumission définitive de quelques groupes de G'Baggas hostiles, il se mit en route le 1er mai. Faute d'embarcations il adopta la route de terre passant chez Senoussi. Cette hâte très explicable le priva du concours de 150 hommes et d'officiers expérimentés. On peut dire toutefois, que s'il l'avait absolument voulu, il aurait pu partir à la même date avec la plus grande partie de ce contingent. En effet, le câblogramme ministériel mettant la compagnie Jullien à sa disposition, parvint à son commandant vers le 15 mars. Bretonnet l'avait reçu bien avant.

Si à cette époque, il avait donné l'ordre au capitaine de le rejoindre immédiatement avec son monde, et de laisser une dizaine d'hommes seulement pour accompagner le convoi dont cet officier avait la charge et qu'il devait livrer au Chari, il n'est pas douteux que la compagnie, à l'exception de ces dix hommes, aurait pu atteindre le Gribingui avant le 1er mai... Celà n'eut malheureusement pas lieu, et là encore, loin de moi, l'idée de critique.

On ne critique pas des gens qui ont fait non seulement leur devoir, mais plus que leur devoir. Mon rôle d'historien m'oblige cependant à des constatations, et je les fais, je le répète, sans la moindre arrière pensée...

Bretonnet était donc en route depuis le 1er mai pour Kouno. Il fut admirablement reçu à N'Dellé, chez Senoussi, où le second de M. de Béhagle, M. Mercuri, s'était établi depuis plusieurs mois. Après quelques jours de repos, il poursuivit sa route vers l'ouest. Outre son escorte, composée d'une trentaine

NOTES.

de sénégalais, commandée par le lieutenant Braun, Senoussi lui avait confié cinquante de ses soldats.

Ces derniers, appréhendant beaucoup de passer par le pays des Bouas, quittèrent Bretonnet non loin du Chari, si bien que, sans guides, il fut obligé de se rabattre sur le fleuve et d'en longer la rive droite. Il rencontra en chemin un convoi de pirogues avec deux baleinières en fer. Ce convoi qui venait d'être descendu par M. Pouret jusqu'à Kouno, remontait le fleuve, pour prendre de nouvelles charges à la station du Gribingui. Il l'utilisa pour son propre compte et arriva à Kouno le 15 juin au soir. Il avait avec lui le lieutenant Braun, le lieutenant Durand-Autier, le maréchal des logis Martin, le chef de poste Pouret et deux interprètes arabes Chabka et Hassen. Il disposait d'une cinquantaine de sénégalais.

Pendant que Bretonnet effectuait sa marche sur Kouno, j'étais je l'ai dit arrivé à Ouadda. De là, je me dirigeai sur la mission de la Sainte Famille où je rencontrai le lieutenant Galland et le maréchal des logis Delpierre, laissés à la garde du convoi confié au capitaine Jullien. Ce dernier avait quitté la mission le matin même. Je le rejoignis le soir et nous atteignîmes ensemble Krebedjé le 13 juin. Le capitaine Jullien avait reçu ordre de Bretonnet de stationner en ce point. Je le relevai de sa consigne et après avoir laissé le commandement du poste et du cercle de Krebedjé au capitaine de Cointet assisté d'un agent, M. Costa, j'expédiai de suite, sur Gribingui, M. de Mostuéjouls avec le chaland.

Afin d'assurer le transport de notre énorme matériel, je décidai la création d'un nouveau poste à l'embouchure de la Kémo et de l'Oubangui et je chargeai M. Bruel, qui arrivait derrière, d'en choisir l'emplacement. Ceci fait, nous nous mettons à notre tour en route, le capitaine Jullien et moi. MM. Rousset et Perdrizet nous accompagnaient. Le 29 juin nous étions au poste de Gribingui.

Le 2 juillet je prenais connaissance de la lettre suivante de Bretonnet à Perdrizet : « J'ai l'honneur de vous informer que je prends le boat et la baleinière pour gagner Kouno où j'arriverai demain soir.

« Je vous renverrai le plus tôt possible ces deux embarcations, dès que j'aurai pris langue avec le sultan et que le lieutenant Braun sera arrivé, c'est-à-dire le 19 ou le 20. Notre voyage de N'Delé aux Caba Bodos s'est bien effectué. Je crois qu'il y aura intérêt à ne réexpédier les dix-neuf pirogues (il n'y en avait que douze) que vous amène Samba Soumaré, qu'en même temps que le boat et la baleinière. Cela ne fera ainsi qu'un convoi, et permettra de tenir compte des demandes que je pourrai avoir à vous faire parvenir après avoir vu le sultan et pris connaissance du courrier de France. »

Cette lettre était datée du 14 Juin.

Complètement démuni de moyens de transport par eau, nous poursuivons les réparations du *Blot* et le montage du chaland. C'est grâce à cette flottille seulement que nous pourrons envoyer des renforts. Si seulement les deux embarcations en acier étaient là ; elles peuvent prendre trente hommes chacune, c'est toujours autant. Mais non, elles ne viennent pas et nous sommes immobilisés. Le 23 juillet, de nouvelles pirogues arrivent en petit nombre. Elles portent un volumineux courrier ; mais les boats ne sont toujours pas là.

Ce courrier, très intéressant, contient des rapports de Bretonnet, entre autre un exposé de la situation à la date du 6 juillet que je reproduis ici in-extenso en ce qui concerne du moins la partie politique.

Ce rapport est adressé au Commissaire général :

« J'ai l'honneur de vous rendre compte que parti de N'Dellé le 31 mai, j'arrivai à Kouno le 15 juin au soir. Le premier envoi de ravitaillement venait d'arriver le 10. Malheureusement, il ne comprend que les canons et les quelques fusils envoyés de Brazzaville sur les 1 000 promis au sultan Gaourang, ce qui ne nous permet encore que de nous maintenir à Kouno, en attendant l'arrivée des renforts annoncés et de monsieur Gentil.

NOTES.

Situation actuelle au Baguirmi. — Il était grand temps pour rétablir la confiance, que je puisse enfin arriver avec les quelques cadeaux expédiés de Brazzaville.

Je vous envoie copie des rapports de M. le chef d'exploration Prins, de diverses lettres de M. de Béhagle et d'une lettre du sultan Gaourang qui vous édifieront complètement sur l'état d'esprit qu'avait pu provoquer (chez Gaourang) l'action en tout contraire aux engagements pris par Gentil, menée trop brusquement et avant qu'aucune des promesses faites n'ait été tenue.

M. Prins a dû s'incliner devant les ordres reçus ; mais il convient de reconnaître la rectitude de son appréciation de la situation, et l'excellente ligne de conduite tenue par lui pendant tout son séjour et conforme aux instructions que lui avait laissées M. Gentil.

M. de Béhagle... désirant s'éloigner le plus tôt possible, pour profiter de ce qu'il avait su obtenir de M. Rousset, repartit du Baguirmi presque aussitôt arrivé, entraînant avec lui M. Prins, se souciant peu d'indisposer fortement Gaourang par un départ aussi précipité sans aucun échange d'explications.

Arrivé près de Koussouri et malgré l'attaque dont M. Prins venait d'être l'objet, il n'hésitait pas à aller de l'avant, sur le vu d'une lettre qui ne pouvait cacher qu'un piège, venant d'un inférieur, dans les états de ce brigand dont seule la signature pourrait *à la rigueur* inspirer confiance.

Dieu fasse que le bruit de sa mort qui a couru, ne soit pas vrai ; en tous cas il me paraît certain qu'il est prisonnier.

Ainsi que je vous en ai rendu compte ci-dessus, l'arrivée et la remise des cadeaux, armes et munitions dont je disposais déjà, a ramené la confiance en nos promesses et en un un secours effectif prochain.

Il était temps, car ce pauvre Barguirmi est dans un état pitoyable. L'autorité du sultan est partout méconnue, même dans les villages les plus proches... La plus grande misère règne à Kouno et dans les villages du fleuve ; les vivres atteignent des prix exorbitants.

L'EMPIRE DE RABAH.

Le 25 au matin, j'ai confié au lieutenant Durand Autier, la délicate mission d'aller porter aux avant-postes de Rabah une lettre, dans laquelle j'annonce mon arrivée à ce dernier et l'informe que nous n'avons aucune intention agressive contre ses états sur la rive gauche du Chari. Je lui dis me refuser à croire le bruit qui m'est rapporté et d'après lequel il retiendrait prisonnier M. de Béhagle, venu à lui avec des paroles de paix et confiant dans les assurances de sécurité qui lui avaient été données.

Le lieutenant Durand Autier parti avec la baleinière et quinze miliciens d'escorte, a ordre d'attendre la réponse de Rabah et M. de Béhagle à Mainfa. Je l'ai complètement prémuni contre tout piège qui pourrait lui être tendu.

Le 4 au soir, je recevais de lui une lettre, m'annonçant la nouvelle reçue également par le sultan d'une panique considérable sur tout le fleuve, provoquée par une nouvelle razzia des gens de Rabah, sur la rive droite et jusque dans le sud de Mainfa.

Le bruit de la mort de M. de Béhagle fut même rapporté, mais j'espère qu'il en est de ce bruit comme de celui qui, grossissant cette razzia de vivres, annonçait que Rabah en personne marchait sur Kouno, pour venir s'emparer des armes et des munitions avant l'arrivée du vapeur.

M. Durand Autier, arrêté un instant, a dû reprendre la route vers le nord.

Rabah. — D'après les bruits qui courent ici Rabah aurait fait venir M. de Béhagle, seul à Dikoa. Il ne lui aurait pas permis de loger dans la ville, mais à l'extérieur, où il est gardé à vue. Il aurait fait désarmer ses gens restés à Koussouri.

Depuis l'engagement de Prins avec les gens d'Ali Ferridj, Logone a été complètement évacué et toutes les troupes de Rabah actuellement concentrées à Koussouri et Goulfei.

De Behagle. — Ainsi que je l'ai dit, il me parait malheureusement certain, que nous devons considérer M. de Béhagle comme prisonnier. Il comptait rester absent de Kouno trois mois

NOTES.

et cinq mois sont maintenant écoulés, et ni lettre ni nouvelle certaine de lui.

Ligne de conduite. — Je m'étais inquiété, dès mon arrivée et vu les basses eaux, de faire rassembler aussitôt par le sultan les pirogues voulues pour aller au Gribingui chercher la compagnie Jullien qui doit y être arrivée maintenant, et le ravitaillement. Malheureusement l'alerte qui vient d'avoir lieu, jointe à son manque d'autorité a empêché le sultan de me fournir les cent pirogues qu'il m'avait promises.

Il importe néanmoins de sortir au plus tôt de cette situation intenable et d'aller réoccuper Massenia toujours occupé par Alifa Moïto et où presque tous les esclaves et beaucoup d'hommes libres sont retournés reconstruisant la ville et faisant les plantations sur l'ordre du sultan.

Nous ferons de notre mieux pour aviser au manque de moyens de transport ; j'envoie ordre à la compagnie Jullien de rallier Kouno.

Je n'ai encore aucune nouvelle de M. Gentil, dont j'ai appris avec plaisir la nomination comme commissaire du gouvernement. Je ne puis qu'attendre maintenant son arrivée, qui ne saurait tarder, avant de rien engager.

Signé : BRETONNET.

Comme on le voit par la lecture de ce rapport, qui ne m'est parvenu que le 23 juillet, le péril ne paraissait pas imminent. Bretonnet n'ayant pu réunir le nombre de pirogues nécessaires pour que la compagnie lui parvînt, s'était décidé à lui donner l'ordre de le rejoindre. Il fallait donc qu'elle prit la route de terre. Or, Bretonnet, pour accomplir le même trajet, avait mis quarante-cinq jours. Il valait mieux attendre cinq ou six jours encore, que le *Blot* fût réparé, et le chaland monté, pour y embarquer la compagnie — car il nous fallait un maximum de douze jours pour atteindre Kouno par ce moyen. C'était donc vingt-cinq jours au moins de gagnés.

Je me décidai à adopter ce plan quand, quelques jours

L'EMPIRE DE RABAH.

après, c'est-à-dire le 2 août au soir, les deux baleinières en acier sous la conduite de Matar-Sow arrivèrent avec un nouveau courrier.

La situation s'était aggravée soudainement ; le péril pour les nôtres était grand.

Voici en quels termes s'exprime Bretonnet en date du 16 juillet :

Monsieur le Commissaire général,

J'ai l'honneur de vous rendre compte des événements qui se succèdent avec une rapidité inouïe depuis mon dernier rapport du 6 juillet.

Le 7 juillet, rentrait à Kouno, le lieutenant Durand-Autier, parti de Laffana le 2 juillet. Il avait pu constater la fuite, en masse, de tous les riverains du fleuve, interroger tous les chefs fugitifs et acquérir la certitude de la marche en avant de Rabah, dont les avant-postes venaient occuper Laffana presqu'aussitôt après son départ. Mais le sultan me certifia à nouveau, comme quelques jours avant, qu'il n'y avait là qu'une forte panique et il ne fut pas donné suite au projet qui avait été adopté aux premières nouvelles de quitter Kouno, absolument indéfendable, avec le peu de forces dont nous disposions, pour Togbao, au pied de la montagne des Niellim, à vingt kilomètres en amont. Le 9 au soir, arrivait la nouvelle de l'arrivée de Rabah à Maffaling, où il se fortifiait, et de l'occupation de Laffana et Bousso par ses avant-postes.

Malgré l'opposition du sultan, qui persistait à ne vouloir considérer ces actes que comme de simples razzias, le départ pour Togbao fut décidé et l'évacuation de Kouno, ville ouverte, commença le 10 juillet au matin. Nous mêmes quittâmes Kouno le 11 au matin, avec le sultan et ses troupes, environ quatre cents fantassins et deux cents cavaliers.

Dès l'arrivée, nous commençâmes les travaux de défense : construction de palanques et d'un fortin sur le mamelon Ouest.

Le 15, nous apprenons la présence des cavaliers de Rabah à

NOTES.

Miltou, et enfin le soir, 16 juillet, à la tombée de la nuit, l'occupation de Kouno par l'ennemi.

L'attaque ne saurait donc tarder à avoir lieu et il a fallu cette circonstance pour décider le sultan à me donner enfin les pirogues et les armements de boat et de la baleinière que je ne pouvais obtenir jusqu'à ce jour et qui me sont indispensables pour envoyer chercher la compagnie Jullien et vous adresser ce courrier.

Je me hâte de vous annoncer que, bien que ne disposant que de quarante-quatre miliciens et de vingt bacongos ou boys armés, nous sommes en état avec les quatre cents barguirmiens environ, armés de fusils, et grâce à notre fortin et à notre artillerie (trois pièces de 4), de faire bonne contenance et d'infliger des pertes sérieuses à l'ennemi que je compte bien obliger à la retraite.

En résumé, en ce qui concerne Rabah, ce dernier ayant décidé, après le combat de Prins avec Ali Ferridj, près de Koussouri, de venger cet échec de ses troupes en venant à Kouno s'emparer et de Prins et du boat, concentra ses troupes à Kousseri; quand il fut prêt, il passa le fleuve de façon à le remonter par la rive droite garnie de gros villages riches en vivres; arrivé à Baleignéré, il y apprit l'arrivée à Kouno, de canons, fusils et munitions, d'où temps d'arrêt. Nouveau temps d'arrêt à Maffaling où il reçut ma lettre et apprit la présence à Kouno, auprès du sultan du Baguirmi, de sept blancs. Il y passa environ huit jours à se fortifier; puis, sur de nouveaux renseignements sur l'état exact de nos forces, reprit la marche en avant.

Sultan du Baguirmi et Baguirmiens. — Le sultan Gaourang, malgré la duplicité de son caractère, a le grand mérite d'être brave. Il n'en est malheureusement pas de même de ses sujets. Il m'avouait encore aujourd'hui ne pouvoir compter réellement que sur ses eunuques et sur ses esclaves qu'il a élevés lui-même. Il me déclare que, sans ma présence, les dispositions prises et la construction du fortin qui ont ramené la confiance, presque tous ses sujets libres l'auraient abandonné à l'annonce de cette arrivée de Rabah.

Malgré tous les services que nous lui rendons, j'ai chaque jour à lutter contre sa duplicité, mais je ne m'en étonne pas; il est comme tous les autres princes musulmans que j'ai connus.

Dans une situation désespérée, et ne pouvant compter que sur nous pour l'en tirer, il désire et craint tout à la fois notre aide, car pour lui, il le sait bien, si nous sommes les sauveurs d'aujourd'hui qui lui sont indispensables, nous sommes les maîtres de demain, dont il craint de ne pouvoir se débarrasser quand il n'en n'aura pas besoin.

Nous sommes en plus les chrétiens que l'élément hostile : Fezzanais, Tripolitains, Ouadaïens lui reproche d'introduire dans le pays. Il nous subit maintenant contre l'ennemi commun; nous devons plus tard nous imposer et compter avec lui quand cet ennemi aura disparu, si nous n'y mettons bon ordre dès maintenant et si nous lui fournissons trop d'armes.

Cette situation est d'ailleurs la même partout au début; il n'y a pas lieu d'y attacher une gravité qu'elle n'a pas; c'est une simple question de doigté pour laquelle la tâche nous sera de beaucoup facilitée dans quelques jours, quand on nous aura vus à l'œuvre.

Signé : BRETONNET.

Le même courrier apportait encore deux lettres l'une pour le capitaine Jullien l'invitant à se mettre en route immédiatement, l'autre adressée à M. Perdrizet. Je les cite toutes deux.

Lettre pour M. Perdrizet.

J'ai l'honneur de vous prier d'apporter tout votre concours au capitaine commandant la compagnie du Chari en vue de faciliter son départ rapide pour le Baguirmi.

NOTES.

Je vous envoie le boat, la baleinière et ce que j'ai pu obtenir de pirogues du sultan. Vous les mettrez à sa disposition.

Nous sommes maintenant fixés à Togbao, au pied de la montagne de Niellim, à vingt kilomètres en amont de Kouno. Rabah vient d'arriver à Kouno. Nous serons donc attaqués demain ou après-demain. Nous sommes en bonne position défensive. L'arrivée de la compagnie s'impose donc, soit pour nous aider à nous dégager, soit pour la poursuite, si, comme j'y compte, nous repoussons de suite Rabah en lui infligeant des pertes sérieuses.

Signé : BRETONNET.

Lettre pour le capitaine Jullien.

J'ai l'honneur de vous prier d'effectuer, dès le reçu des présentes instructions, par le boat, la baleinière et les pirogues, le départ de votre compagnie pour nous rejoindre à Togbao, village des Niellim, au pied de la montagne et à vingt kilomètres en amont de Kouno.

On m'annonce ce soir l'arrivée de Rabah à Kouno. Nous serons donc attaqués demain ou après-demain. Nous sommes en bonne posture de défense et j'espère repousser aussitôt Rabah en lui infligeant des pertes sérieuses. De toutes façons, votre arrivée s'impose d'urgence, soit pour nous aider à nous dégager, si nous n'avons pu le faire, soit pour la poursuite.

Le sultan du Baguirmi dispose de quatre à cinq cents fusils et le massif que nous occupons ne permet pas à Rabah de nous cerner et de couper nos communications.

Vous trouverez donc des instructions complémentaires en route, tout au moins au village de Gaoura, à deux jours en amont d'ici.

Rabah ne possède guère que des fusils à piston. Il n'a plus guère pour ses quelques mousquetons que des cartouches

L'EMPIRE DE RABAH.

refaites par lui avec des balles en fer, ayant par conséquent perdu toute portée.

En route, du Gribingui ici, vous ne trouverez des vivres que chez les Caba-Bodos. Ici c'est presque la disette.

Je vous conseille donc, si la chose est encore possible, de prendre la voie de terre pour les hommes et d'employer les embarcations pour transporter le plus de vivres et de munitions possible.

Signé : BRETONNET.

NOTE VI bis.

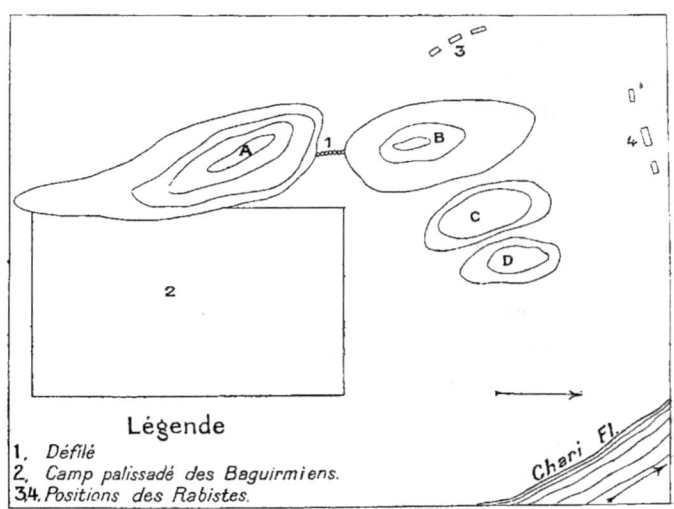

Légende
1. Défilé
2. Camp palissadé des Baguirmiens.
3.4. Positions des Rabistes.

COMBAT DE TOGBAO (AOUT 1899)

NOTES.

NOTE VII

Les deux bannières abandonnées sur le terrain se trouvaient être celles de la garde personnelle de Rabah. Elles étaient beaucoup plus ornées que celles de ses lieutenants.

Ces étendards furent envoyés à Rabah par le Mahdi soudanais Mohammed-Ahmed ou Achmet. Le premier se nommait El Mahdia ou la Mahdiste et l'autre Haoua Mekka du nom de la première femme du Mahdi soudanais.

Les inscriptions qui figurent sur El Mahdia sont les suivantes :

> Au nom du Dieu clément et miséricordieux
> O le clément, ô le miséricordieux.
> Dieu est Dieu, Mohammed est son prophète
> Notre seigneur Mohammed Ahmed le Mahdi est le lieutenant du
> [prophète.

Haoua Mekka outre un grand nombre de signes cabalistiques portait le nom de Dieu (Allah) répété une douzaine de fois.

Si l'on ajoute à celà que le cachet de Rabah portait ces mots : Rabah émir du Bornou, au nom du Mahdi on se rendra compte des liens étroits qui existaient entre le conquérant du Bornou et le célèbre agitateur soudanais dont la puissance fut détruite par les Anglais à Kartoum.

L'EMPIRE DE RABAH.

NOTE VIII

Résultats Géographiques

La carte des territoires nouvellement conquis, annexée au présent volume a été dressée provisoirement. Les points principaux en ont été déterminés astronomiquement et les coordonnées suivantes ont été admises :

	Latitude.	Long.
Ouadda	4°57′	17°11′
Fort de Possel	5°01′	17°13′30″
Fort Sibut	5°44′50″	17°06′
Ungourras	6°08′42″	17°11′56″
Nana A	6°36′40″	17°02′
Gribingui (Fort Crampel)	7°00′50″	17°11′
Embouchure Bangoran	8°42′	16°28′
Fort Archambault	9° 7′	16°13′
Togbao	9°43′	
(Bruel) Damter	9°58′30	
Point de jonction du 10° degré avec le Chari, long 15°10′		
Bousso (Fort Bretonnet)	10°30′	
Baleignéré	10°51′	
Honko	10°55′	
Mainfa (Fort de Cointet)	11°11′	
Bougman	11°28′	
Koussouri	12°05′	12°30′ long.
Goulfeï	12°20′	
(1897). Mouillage du Tchad.	13°02′	11°58′ long.

Les latitudes ont toutes été observées par des circumméridiennes de soleil ou d'étoiles et contrôlées à plusieurs reprises.

NOTES.

Les longitudes de Ouadda, de Gribingui et de Fort Archambault obtenues à l'aide du calcul de hauteurs égales de lune et d'étoiles, les autres longitudes ont été calculées par double transport de temps en admettant comme exactes les longitudes de Gribingui et Fort Archambault.

Telles qu'elles sont, ces observations sont suffisantes pour pouvoir dresser une carte provisoire.

Nous réunissons en ce moment tous les travaux produits par mes collaborateurs. Les calculs et observations très nombreux en dehors de ce que je donne dans le tableau ci-joint nous permettront une fois vérifiés, de présenter un travail complet et consciencieux.

CLIMATOLOGIE

Au point de vue climatérique, le territoire militaire du Tchad comprend trois zones distinctes : La première s'étend du 5° Nord au 6°45′ environ, la deuxième du 6°45′ au 9° et la troisième du 9° au 13°. Plus au Nord, on trouve le climat saharien.

Dans la première zone, on remarque une saison sèche de quatre mois environ, pendant laquelle il ne pleut presque pas. Elle commence au 15 novembre pour finir au 15 mars. Elle est suivie d'une petite saison intermédiaire du 15 mars au 15 juin environ. Les pluies commencent à tomber, arrosant la terre. C'est la période des semailles. Du 15 juin au 15 octobre, on est dans la grande saison des pluies. Enfin du 15 octobre au 15 novembre, on a un mois de saison mixte qui sépare la grande saison sèche de la grande saison des pluies.

La deuxième zone ne diffère pas très sensiblement de la première, sinon comme quantités de pluies tombées. De plus, on peut compter cinq mois de grande saison sèche au lieu de quatre dans la première zone.

Voici à titre de document les principales données météorologiques de l'année comprise entre le 1er novembre 1899 et le 1er novembre 1900 pour la station de Gribingui (Fort Crampel).

DATES	HAUTEUR BAROMÉTRIQUE		TEMPÉRATURE		ÉTAT HYGROMÉTRIQUE		PLUIE TOTALE	PLUIE DIURNE		OBSERVATEURS
	MINIMA	MAXIMA	MINIMA	MAXIMA	MINIMA	MAXIMA		MAXIMA		
	Millim.	Millim.					Millimètres	Millimètres		MM.
Novembre 1899...	720,0	734,0	12°,0	35°,0	0,45	1,00	0,0			Costa.
Décembre 1899...	732,0	735,0	10,0	35,0	0,85	1,00	0,0			Costa.
Janvier 1900...	724,0	727,0	9,6	41,3	0,34	1,00	0,6			Bruel.
Février 1900...	724,:	728,0	14,0	42,4	0,45	1,00	3,7			Bruel.
Mars 1900...	723,0	73,0	12,5	45,1	»	»	58,0	45	le 11	Bruel, Costa.
Avril 1900...	726,2	730,3	20,0	42,8	»	»	93,4	35	le 24	Bruel.
Mai 1900...	727,2	731,8	19,8	40,7	»	»	143,0	33,4	le 8	Bruel, Pinel.
Juin 1900...	724,2	734,0	18,:	36,8	»	»	215,7	73,4	le 14	Bruel, Pinel.
Juillet 1900...	729,0	732,0	18,7	34,0	»	»	274,0	45,0	le 3	Bruel.
Août 1900...	728,:	733,0	19,8	35,0	»	»	256,2	51,8	le 21	Bruel, Pinel.
Septembre 1900...	729,2	732,8	19,2	35,5	»	»	104,6	35,0	le 24	Bruel.
Octobre 1900...	727,8	731,1	18,8	37,0	»	»	129,3	38,2	le 26	Bruel.
Extrêmes ou ...	720,0	735,0	9,6	45,1	»	»	1 275,5	73,4 le 14 juin.		

Enfin la troisième zone où il pleut beaucoup moins, comprend en réalité huit mois de saison sèche et quatre mois de saison des pluies. Cette dernière du 15 juin au 15 octobre environ. Cette troisième zone est beaucoup plus saine que les deux autres. La température moyenne est plus élevée mais la chaleur sèche est moins pénible à supporter pour l'Européen qu'une chaleur beaucoup moindre avec de l'humidité dans l'atmosphère.

TABLE DES MATIÈRES

Pages.

LETTRE-PRÉFACE. . . . .
INTRODUCTION . . . .

LA CHUTE DE L'EMPIRE DE RABAH

I. — Mission de 1895-1898 : Conditions générales. — Comment je devins Africain. — M. de Brazza. — Crampel. — Fourneau. — Maistre. — Mizon. — Séjour dans la Sanga et l'Oubangui. — Première mission. — Difficultés du début. — Mise en route. — Ouadda. — La Kémo. — La Tomi. — Les G'Baggas. — Les N'Dis 3

II. — Installation dans la Tomi et reconnaissances. — Fondation du poste de Krebedjé. — De Krébedjé à la Nana. — Transport des charges. — Ravitaillements. — Bonnes nouvelles de Libreville. — Le *Léon Blot* est mis en chantier, puis lancé. — Fondation du poste de Nana B. — Les musulmans de Senoussi. 29

III. — Arrivée de renforts. — En route pour le Tchad. — Descente du Gribingui et du Chari. — Mon voyage à Massénia. — Ma réception chez Gaourang. — Séjour au Baguirmi. — Arrivée au Tchad. — Notre but est atteint. 58

IV. — Nous quittons le Tchad. — Ma rentrée en France. — Les envoyés Baguirmiens à la revue finale des grandes manœuvres. — Départ de Bretonnet pour le Chari. — Les menées de Rabah nécessitent mon retour au Chari. — Malheureux, mais glorieux combat de Togbao 98

TABLE DES MATIÈRES.

Pages.

V. — Marche contre Rabah. — Combat de Kouno. — Ses suites. — 46 tués et 106 blessés sur 344 combattants. — Jonction avec les Baguirmiens conduits par Gaourang. — La mission Voulet. — Le capitaine Joalland et le lieutenant Meynier. — La mission Foureau-Lamy 139

VI. — Retour à Fort-Archambault. — Le sultan Gaourang. — Son troupeau d'esclaves offerts comme porteurs. — Préparatifs de départ. — Nouvelles de la mission saharienne Foureau-Lamy. — Marche sur Koussouri. — Rencontre de Foureau. — État lamentable de la colonne de Baguirmiens que nous amène Gaourang. — Jonction des trois Missions. 178

VII. — Combat de Koussouri. — Mort de Rabah. — Mort du commandant Lamy. — Chute définitive de l'empire de Rabah. — Marche sur Dikoa. — Poursuite de ses fils. — Retour de la mission saharienne. — Rabah, son œuvre. 211

VIII. — Voyage à Dikoa. — Récit de la mort de de Béhagle. — Organisation des pays conquis. — Considérations générales sur leur avenir et sur le parti que nous en devons tirer. — Retour en France 239

CONCLUSION 261

NOTES. 271
    I. 273
    II. 276
    III. 278
    IV. 281
    V. 282
    VI. 294
    VII. 303
    VIII. 304

Levall.-Perret. - Imp. Crété de l'Arbre, WELLHOFF ET ROCHE, Succ, 55, rue Fromont.

ITINÉRAIRE DE LA MISSION GENTIL, DEPUIS BANGUI JUSQU'AU TCHAD.

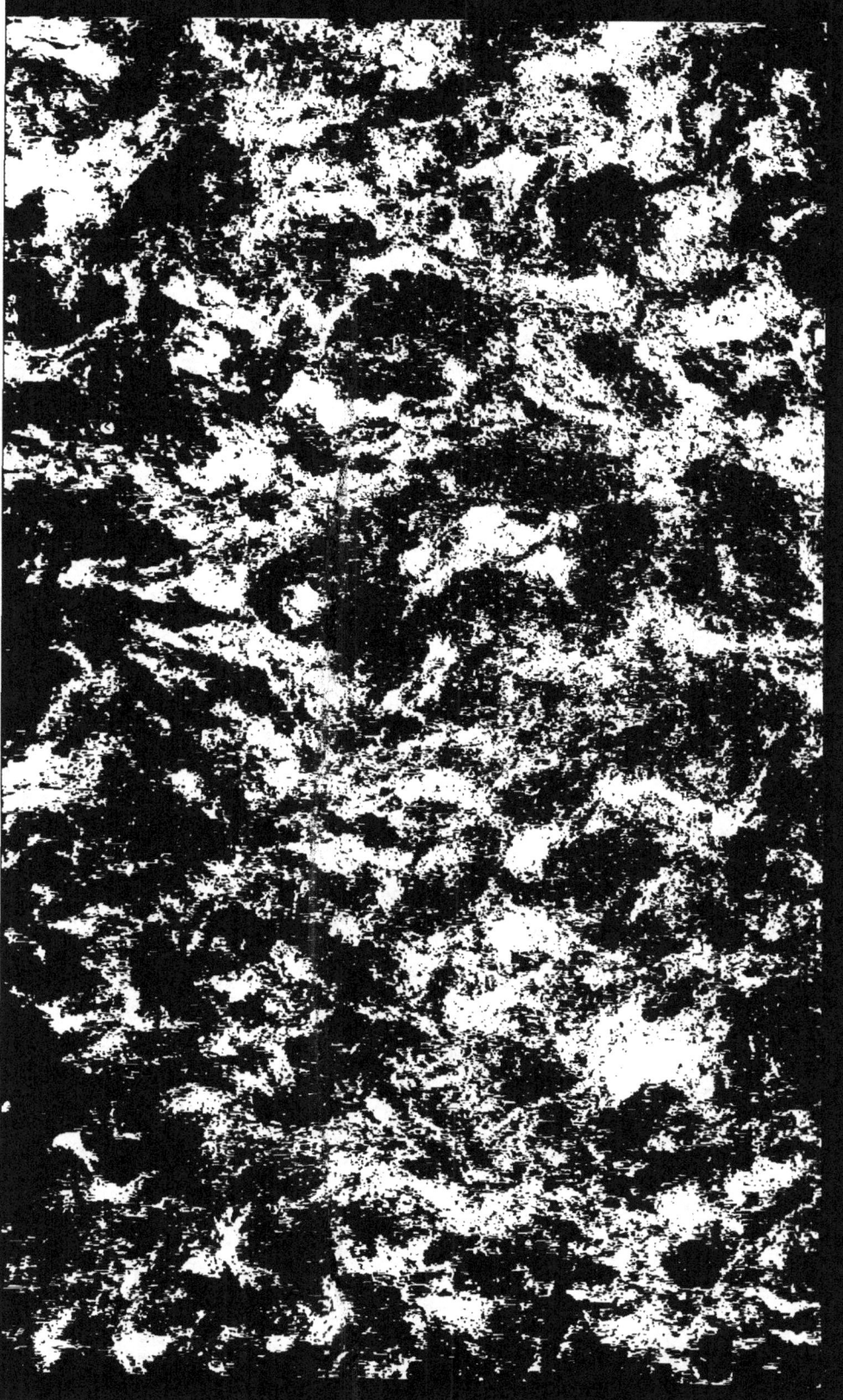

www.ingramcontent.com/pod-product-compliance
Lightning Source LLC
Chambersburg PA
CBHW072015150426
43194CB00008B/1114